Leben und Genießen in Cornwall

Claus Beling (Hg.)

Leben und Genießen in Cornwall

Eine Reise in die Welt der Rosamunde Pilcher-Filme

Die Rosamunde Pilcher Edition

Mit Texten von
Claus Beling und Susanne George

Fotos von
Cornelis Gollhardt und Stephan Wieland

vgs

Die Rezepte in diesem Buch sind, soweit nicht anders angegeben, für 4 Personen berechnet.

Die Deutsche Bibliothek – CIP-Einheitsaufnahme

Leben und Genießen in Cornwall : eine Reise in die Welt der Rosamunde-Pilcher-Filme / Claus Beling (Hg.). Mit Texten von Claus Beling und Susanne George. Fotos von Cornelis Gollhardt und Stephan Wieland. -
1. Aufl. – Köln : vgs, 2000
ISBN 3-8025-2730-5

Die Romane von Rosamunde Pilcher sind im Rowohlt Verlag, Rowohlt Taschenbuch Verlag und bei Wunderlich erschienen.

Lizenz durch: ZDF Enterprises GmbH

1. Auflage

Bildredaktion: Ina Schmidt
Produktion: Angelika Rekowski
Foodstyling: Monica Welling, Köln
Umschlagfoto: Cornelis Gollhardt, Köln/
Stephan Wieland, Düsseldorf
Satz und Layout: Veronika Richter, Köln
Druck: Westermann Druck, Zwickau
Printed in Germany
ISBN 3-8025-2730-5

Inhalt

Cornisches Landleben

„Nach Hause. Boscarva. Wir fuhren durch die Biegung der Zufahrt und da war es … Grauer Naturstein, an vielen Stellen von Kletterpflanzen verdeckt, ein grauschwarzes Schieferdach, eine halbrunde Veranda, dahinter eine offene Tür, um die Sonne hereinzulassen, und drinnen rote Steinplatten, Blumentöpfe, rosa Geranien und scharlachrote Fuchsien. Hinter einem offenen Fenster im ersten Stock bauschte sich ein Vorhang im Wind … Es war voll Leben und strahlte Bewegung und Leben aus. Auf dem Tisch lagen Zeitungen, ein paar Gartenhandschuhe, eine Hundeleine."

aus: R. Pilcher, Stürmische Begegnung

Leben und Genießen im Pilcher-Land

Leben in Cornwall heißt Landleben, fernab der Metropole London, ja überhaupt der großen Städte. In dieser Grafschaft sind die meisten Orte klein und überschaubar, selbst größere wie Falmouth oder Penzance zählen nicht mehr als 20.000 Einwohner. Fährt man über eine der schmalen, heckengesäumten Straßen, die das ganze Land durchziehen, sieht man zu beiden Seiten hügeliges Grün, taucht hier und da ein Farmhaus oder Gehöft auf, grasen Schafherden und Rinder. Vielleicht erhascht man auch irgendwo einen Blick auf ein prachtvolles Herrenhaus, das von einem Park umgeben majestätisch in der Landschaft thront. Oder es ragen plötzlich auf einer fernen Anhöhe kolossale Granitblöcke empor, jene Zeugen prähistorischer Vergangenheit, die von einer Aura des Mystischen umgeben sind.

Doch es sind nicht nur die grünen Hügel – mal lieblich und sanft, mal von herber, karger Schönheit –, die Cornwalls landschaftlichen Reiz ausmachen. Die vom Meer umgebene Grafschaft hat auch eine traumhaft schöne Küste, die in ihrem Verlauf ein immer wieder anderes Bild bietet. Im eher rauen Norden schlagen die Wellen des Atlantiks weiß schäumend gegen die steilen, zerklüfteten Felsklippen. An der geschützten Südküste dagegen schmiegen sich kleine idyllische Sandbuchten in das Gestein, bilden breite Fjorde ideale Naturhäfen, und in flacheren Landesteilen ziehen sich blühende Wiesen bis fast zum Wasser hin. Wer hierher kommt, sucht die Natur, die Ursprünglichkeit.

Dank seiner begünstigten Lage im Südwesten Englands mit einem milden und fruchtbaren Klima gesegnet, ist Cornwall wie geschaffen für ein Leben im Einklang mit der Natur. Zwar verteilen sich auch hier die berühmten englischen Regenschauer gerecht über das ganze Jahr, doch sind strahlende Sonnentage gar nicht so selten. Wenn dann noch bei blauem Himmel ein leichter Wind weht und vor den Häfen und Buchten die Segelboote übers Wasser gleiten, mutet Cornwall wie ein nahezu mediterranes Paradies an. Dazu trägt auch die üppige Vegetation bei: Zehn Meter hohe Rhododendren, Palmen und andere exotische Pflanzen gedeihen dank des warmen Golfstroms allerorten. Schon früh im Jahr leuchten

St. Ives ist nicht nur beliebtes Reiseziel und berühmte Künstlerkolonie, sondern auch Vorbild für das fiktive „Porthkerris“ in Rosamunde Pilchers Romanen.

die Narzissen und Glockenblumen, blühen die Ginsterhecken am Rande der Felder, öffnen sich zahllose farbige Blüten in den Gärten.

Die eindrucksvolle Natur, das milde Klima und das intensive, klare Licht waren es auch, die seit Ende des 19. Jahrhunderts immer mehr Künstler in die Küstenorte Cornwalls zogen. Manche, wie James Whistler und Walter Sickert, blieben nur ein paar Monate, um ihre Staffelei im Freien aufzustellen, andere, zum Beispiel Ben Nicholson und seine Frau, die Bildhauerin Barbara Hepworth, ließen sich ganz hier nieder. So entstanden die berühmten Künstlerkolonien von Newlyn und St. Ives. Die hier entstandenen Werke der Maler, Bildhauer und Töpfer sind heute in der 1993 eröffneten Tate Gallery am Strand von St. Ives ausgestellt. Die kleine Stadt mit ihren vielen Ateliers und Galerien ist nach wie vor ein Anziehungspunkt für Künstler aus aller Welt.

Im Jahresrhythmus betrachtet, kann man das cornische Leben in eine Zeit der Betriebsamkeit und eine Zeit der Stille einteilen. Im Sommer strömen viele Touristen in den Südwesten Englands, um hier ihren Badeurlaub zu verbringen und die traumhaften cornischen Parks und Gärten zu besuchen. Ein Großteil der Urlauber sind Engländer, denn die südlichen Grafschaften gelten schon seit vielen Generationen als belieb-

Das Kitley House in Yealmpton, südlich von Plymouth, ist ein alter Herrensitz, in dem sich heute ein Hotel befindet.

tes Reiseziel. In der Hauptsaison tummeln sich die Menschen an den Stränden, sind die Städtchen bevölkert von Sommergästen, die durch die Straßen und Gassen schlendern, nach Souvenirs Ausschau halten oder in den Cafés, Pubs und Restaurants die Spezialitäten der Region genießen. Für die Einheimischen ist der Tourismus eine wichtige Einnahmequelle. Davon zeugen nicht zuletzt die zahlreichen Bed & Breakfast-Schilder an den Häusern, deren freundliche Besitzer ihre Gäste herzlich willkommen heißen und in die familiäre Atmosphäre aufnehmen.
Auch im Frühling zieht es Besucher nach Cornwall, vor allem Natur- und Gartenfreunde, die sich am frühen Erwachen der Vegetation erfreuen und vielleicht auf der Suche nach Inspirationen für ihren eigenen Garten sind. Nicht wenige halten März und April, wenn es aus jeder Mauerritze blüht, für die schönsten Reisemonate.
Wenn die Sonne merklich an Kraft gewinnt, beginnt auch die Zeit der Picknicks, für die die Engländer ein besonderes Faible haben. Bei großen Veranstaltungen wie Pferderennen ist der Picknickkorb als „Pausenfüller" unverzichtbar, und an einem freien Wochenende zieht es viele hinaus in die Natur, um auf einer Wiese die mitgebrachte Decke auszubreiten und in ländlicher Idylle mit Sandwiches, Pasteten, Salaten, Käse und Obst einen Festschmaus abzuhalten. Auch in den cornischen Parks und Gärten bevölkern Ausflügler mit geflochtenem Weidenkorb den Rasen, der übrigens wie überall in England jederzeit betreten werden darf.
Cornwall ist auch attraktiv für all jene, die sich gerne unter freiem Himmel sportlich betätigen. Neben den diversen Wassersportmöglichkeiten wie Segeln, Surfen oder Kanufahren locken nicht weniger als 32 Golfplätze. Auf den gepflegten *Greens* darf jeder den Schläger schwingen, denn Golf ist hier kein elitärer Clubsport, sondern auch schon für Kinder ein beliebter Zeitvertreib. Ebenfalls nicht unerwähnt bleiben darf Cricket, das berühmte englische Schlagballspiel, dessen Regeln sich einem Kontinentaleuropäer wohl nie erschließen werden. Den Laien mag es ein wenig an das amerikanische Baseball erinnern, doch mutet die ganze Szenerie mit den weiß gekleideten Sportlern auf grünem Rasen viel eleganter, ja schlichtweg britischer an.

Bevor die Sonne ganz untergegangen ist, lädt die felsige Küste zu einem Spaziergang ein.

In den Herbst- und Wintermonaten geht es im Südwesten Englands ruhig und beschaulich zu. Richtig kalt wird es auch dann nicht, nur selten fällt Schnee, doch die Uhren gehen deutlich langsamer. Nun kommt Cornwall wieder zu sich selbst. Vom Atlantik braust mancher Sturm über die Dörfer, Wiesen und Hecken hinweg. Eingehüllt in eine dicke Jacke, ist ein langer Spaziergang entlang der wilden Klippen gerade jetzt ein ganz besonderes Erlebnis. Gegen den Wind laufen, einen Himmel voller schnell ziehender Wolken über sich, das laute Rauschen des Meeres im Ohr, nur durchbrochen vom Schrei einzelner Möwen – so liebt es Rosamunde Pilcher und so beschreibt sie es in ihren Büchern. Zum Beispiel dann, wenn eine Romanfigur an einem Wendepunkt ihres Lebens angelangt ist und sich besinnen will – welcher Ort wäre dafür geschaffener als die Küste Cornwalls mit ihren elementaren Naturgewalten?

In der dunklen Jahreszeit ist das Leben in den Städten gemächlich, die Straßen sind leerer, man zieht sich in das gemütliche Heim zurück und geht abends in den Pub, um Nachbarn und Bekannte zu treffen. Auf dem Land besucht man wieder die alten Freunde oder quartiert sich für ein paar Tage im Cottage von Verwandten ein. Vor dem prasselnden Kamin finden bei einem Drink Gespräche über Gott und die Welt statt, und an großen Tafeln wird ausgiebig gespeist. Rosamunde Pilchers Romane und Erzählungen wie auch die Verfilmungen vermitteln ein stimmungsvolles Bild von diesem cornischen Leben. Viele ihrer Figuren gehören der Oberschicht-Boheme an, die ihren Familientraditionen stark verhaftet ist und seit Generationen imposante Herrenhäuser mit herrlichen Gärten bewohnt. In Cornwall gibt es tatsächlich noch Hunderte intakter *Country Houses*, die zum Teil seit Jahrhunderten in Familienbesitz sind und einen Einblick in vergangene Zeiten geben. Es ist vor allem die viktorianische Zeit, die das Landleben geprägt hat und deren Spuren bis heute erkennbar sind.

Viktorianische Wohn- und Esskultur im Herrenhaus

Große Festivitäten und Bälle, luxuriöse Gastmahle und vergnügliche Landpartien waren die Höhepunkte in der Historie der Herrenhäuser. Die feine Gesellschaft des 19. Jahrhunderts legte besonderen Wert darauf, dass das Haus viele Gäste beherbergen konnte. Und es galt, die Bereiche der Herrschaft von denen des Personals unauffällig und doch klar zu trennen. Die große Empfangshalle mit Kamin, die Bibliothek, das Rauch- und das Billardzimmer für die Herren, das Gesellschaftszimmer, der Frühstücksraum, die zahlreichen Schlafzimmer samt *His Lordship's Bedroom*, das Schulzimmer für die Kinder, der prächtige Speiseraum – das alles und noch mehr war die vordergründige Welt der Herrschaften. Dahinter aber lag eine faszinierende andere Welt: die der Butler, Dienstboten und Küchenmädchen. In ihren Räumen wurde gekocht, gebacken und eingemacht, hier wurde die Wäsche gepflegt und aufbewahrt, das Silber geputzt und das edle Porzellan der Herrschaften gespült, wurden die Weine für das Abendessen dekantiert und die Speisen für die festliche Tafel angerichtet.

Der weitläufige Landsitz Lanhydrock im Tal des River Fowey zwischen Liskeard und Lostwithiel ist ein herausragendes Beispiel für die Wohnkultur der viktorianischen Zeit. Mitte des 17. Jahrhunderts erbaut, wurde es nach einem Brand im Jahr 1881 größtenteils nach den damals herrschenden Komfortstandards renoviert. Dem heutigen Besucher des Anwesens stehen 72 Zimmer zur Besichtigung offen. Um sich eine Vorstellung von einem damaligen Haushalt machen zu können, unternehmen wir einen kleinen Rundgang durch einen Teil des Herrenhauses:

Der *Dining Room* war einer der wichtigsten Räume in einem großen viktorianischen Haus, denn hier traf sich die feine Gesellschaft am Abend zum gemeinsamen Tafeln. Die Speisen, die in Lanhydrock serviert wurden, entsprachen jener Art von Menü, wie sie in Charles Francatellis *Cook's Guide* aus dem Jahr 1862 beschrieben war. Das Buch des französisch ausgebildeten Kochs avancierte in den hochherrschaftlichen

Ein stilvoll eingerichteter Raum in dem hochherrschaftlichen Landsitz Prideaux Place in Padstow

Häusern zur kulinarischen Bibel. Die Karten mit der Speisenfolge waren für gewöhnlich in französischer Sprache geschrieben, auch wenn die Küche selbst ihren britischen Wurzeln verhaftet blieb. Ein typisches Dinner konnte aus folgenden Gängen bestehen: zuerst eine Suppe, gefolgt von einem Fischgericht, dann ein oder mehrere *Removes* oder *Relevés* (meist gebratenes Fleisch) mit verschiedenen *Entrées* (Beilagen) und ein weiterer Gang (oft wiederum Braten) mit bis zu sechs *Entremets* (Gemüse und herzhafte Puddinge). Dazu wurden bis zu sechs verschiedene Weine kredenzt. Als Dessertfrucht liebte man übrigens seinerzeit besonders die Ananas, da sie als Luxussymbol galt. Sie wurde sogar vor Ort in eigens dafür angelegten Gruben angebaut, wie sie heute in den „Lost Gardens of Heligan" bei Mevagissey besichtigt werden können.
An das Esszimmer grenzt das *Servery*, wo die Speisen in einem beheizbaren Stahlschrank warm gehalten wurden. In unmittelbarer Nähe befinden sich Räume für das Geschirr und die Tischwäsche. Die Diener hatten vom *Servery* aus Einblick in den *Dining Room*; so konnten sie sehen, ob an der Tafel alles in Ordnung war, ohne von den vornehmen Gästen wahrgenommen zu werden. Das entsprach einem der Grundprinzipien eines herrschaftlichen Haushalts: Das Schalten und Walten der Dienerschaft hatte soweit wie möglich im Verborgenen zu geschehen.
Der Küchenbereich in Lanhydrock, das „Herz des Hauses", ist gemäß der Richtlinien des Architekten Robert Kerr gestaltet, der in seinem 1864 erschienenen Buch *The Gentleman's House* schrieb, dass die Küche „den Charakter eines

Lanhydrock: In Erwartung der Gäste ist der Tisch im Esszimmer bereits festlich gedeckt.

komplizierten Labors“ besitze. Die Küche selbst erinnert mit ihrem hohen, von einem Holzgerüst getragenen Giebeldach an den Speisesaal eines Colleges. Die Lichtgaden unterhalb der Decke konnten mittels Handkurbeln geöffnet werden, sodass Dampf und Gerüche schnell abzogen.

Im Kamin gab es verschiedene Vorrichtungen für Bratspieße und Kettenzüge, die gleichzeitig genutzt werden konnten: Geflügel oder Wild hing zum Braten an Ketten, während ein großes Fleischstück am Spieß über dem offenen Feuer röstete. Auf einem großen Herd wurden in Kupfertöpfen unter anderem die Saucen zubereitet. Durch eine Luke in der Wand konnten die Speisen in den Raum des Butlers gereicht werden. Dann trug man sie weiter ins *Servery* und von dort aus in das Esszimmer.

In der Küche führte meist eine Köchin das Regiment, denn im Laufe des 19. Jahrhunderts übten anders als zuvor immer mehr Frauen diesen Beruf aus. Mindestens zwanzig Bedienstete gingen ihr zur Hand; sie waren zum Beispiel für das Spülen und Putzen des Kochgeschirrs zuständig.

Ein der Küche angeschlossener Raum ist die Spülküche (*Scullery*). In mit Schiefer eingefassten Ausgüssen wurde das Gemüse geputzt und gewaschen. Ein kleiner Herd, auf dem auch der Topf mit der Brühe stand, diente zum Kochen des Gemüses. In Zinkspülen wusch man das in der Küche gebrauchte Geschirr ab. Für die Reinigung von schmutzigen Töpfen gab es spezielle Dampfdüsen. Das von der Familie benutzte Porzellan und die edlen Gläser wurden in einem anderen Raum gespült.

Im angrenzenden *Bakehouse* backten die Angestellten nicht nur das Brot, das täglich in großen Mengen gegessen wurde, sondern auch Kuchen, *Scones* und anderes Gebäck. Das Anheizen des Ofens dauerte ganze vier Tage, erst dann war die nötige Temperatur erreicht. Diese konnte jedoch dann mit relativ wenig Kohle konstant gehalten werden. Der Teig wurde zum Aufgehen in ein Fach unten im Ofen gestellt.

In drei Speisekammern bewahrte man die verschiedenen Nahrungsmittel auf. Im *Dry Larder* lagerten alle trockenen Lebensmittel und jene Zutaten, die zum Kochen benötigt wurden. Marmeladen und Gelees, Chutneys und Brühen wurden hingegen im so genannten *Still Room* zubereitet und aufbewahrt. Dieser Raum verfügt über eine eigene Küche und befindet sich im Dienstbotentrakt.

Zur Ausstattung des *Fish Larder* gehören Schieferplatten, Eistruhen sowie ein Schrank mit Fliegengitter und Regale für die Aufbewahrung von frischem und gekochtem Fisch. Das Eis für die Lagerung lieferte eine Firma aus Plymouth in Blöcken. Ein flacher Kupferkasten mit perforiertem Deckel wurde mit heißem Wasser gefüllt und diente dazu, einen Lachs während des Zerlegens warm zu halten.

Im *Meat Larder* hingen große und kleine Fleischstücke an Eisenstangen unter der Decke. Auf einem großen Hackklotz und auf Anrichten wurde das Fleisch für die weitere Verwendung vorbereitet.

Besonders geschäftig ging es im *Dairy Scullery* zu. Zweimal am Tag brachte ein von Ponys gezogener Karren Kannen mit frischer Milch von der zum Landsitz gehörenden Farm. Die Milch wurde in Schüsseln gegossen, die in einer mit kaltem Wasser gefüllten Marmorrinne standen. Einen Teil der Milch verarbeiteten die *Dairymaids* zu Butter und *Clotted Cream*.

Die Küche in Lanhydrock erinnert an einen großen Collegesaal. Auf einem großen Gusseisenherd (unten) wurden in Kupfertöpfen die Saucen zubereitet.

Das *Dairy* schließlich diente der Aufbewahrung von Milchprodukten und -speisen. Raffinierte Kühlvorrichtungen wurden mit Wasser gespeist, das aus einer Quelle über Rohre ins Haus gelangte. Auf einem Marmortisch standen Cremespeisen, Flammeris und kalte Puddinge, die eine Weile ziehen mussten. Entlang der gefliesten Wände standen auf den Rinnsteinen Schüsseln mit Suppen, Eier- und Sauermilchspeisen und Milchpuddinge sowie Käse, *Clotted Cream*, Buttermilch und Butter, die im *Dairy Scullery* hergestellt wurden.

Cornwall ist dank des warmen Golfstromklimas ein wahres Gartenparadies. Auch die Herrenhäuser sind von herrlichen Parks umgeben.

In einem Herrenhaus wie Lanhydrock hatte das Küchenpersonal alle Hände voll zu tun. Neben den Mahlzeiten für die Herrschaften und ihre Gäste mussten Extraspeisen für die Kinder zubereitet werden, die nicht mit den Erwachsenen, sondern unter Aufsicht in ihren eigenen Zimmern aßen. Des weiteren galt es, für die Bewirtung bei Cricket Teas, Krocket-Partys, Picknicks, Abendessen für die Pächter und anderen Festlichkeiten zu sorgen.

Die Zeiten einer derart großen Haushaltung gehören heute der Vergangenheit an. Zum einen führte die Agrarkrise Ende des 19. Jahrhunderts dazu, dass viele Gutsbesitzer, die ihr gesamtes Einkommen aus der Landwirtschaft bezogen, ihren Haushalt verkleinern mussten. Und zum anderen kamen immer mehr Techniken und Einrichtungen auf, die eine Reduzierung des Personals zur Folge hatten.

Doch das bedeutete nicht das Ende des kultivierten Landlebens. Zu den vielen Lords und Landadeligen, die weiterhin ihre teilweise jahrhundertealten Besitztümer bewohnten, gesellten sich neue Familien, die durch die industrielle Revolution zu Vermögen gekommen waren. Wer etwas auf sich hielt, träumte von einem Haus auf dem Land – und damit war der moderne Typus des wohlhabenden „Landedelmanns“ geboren.

Das Leben auf dem Land wurde vor allem von der Zeitschrift *Country Life* propagiert, die ein Geschäftsmann namens Edward Hudson Ende des letzten Jahrhunderts gegründet hatte. Sie enthielt Abbildungen von alten und neu errichteten Landhäusern, die in den Lesern die Sehnsucht nach einem eigenen romantischen Heim weckten. *Country Life* befasste sich darüber hinaus mit allen Aspekten des Lebens auf dem Lande, das dem in der Stadt eindeutig vorgezogen wurde. Viele Familien, die über das nötige Geld verfügten, teilten diese Meinung. Entweder ließen sie nach Plänen angesehener Architekten ein Haus erbauen, oder sie erwarben ein altes, das sie nach dem herrschenden Geschmack und ihren Bedürfnissen umgestalten ließen.

Auch heutzutage findet der Besucher in Cornwall viele *Country Houses* alten Stils. Manche wie Lanhydrock oder Mount Edgcumbe bei Plymouth können besichtigt werden, andere wurden zu stilvollen Hotels umgebaut, in denen die Gäste das Flair vergangener Zeiten genießen können. Viele sind von großzügigen Parks und Gartenanlagen umgeben, die für Gartenfreunde aus aller Welt attraktive Anziehungspunkte darstellen. Und so manches Herrenhaus diente natürlich auch schon als stimmungsvolle Kulisse für den ein oder anderen Rosamunde Pilcher-Film.

Der Charme des Cottages

Cornischer Wohn- und Lebensstil drückt sich aber auch auf andere Weise aus: im kleinen, von Kletterpflanzen berankten Cottage inmitten eines blühenden Gartens. Das Cottage ist der Inbegriff des malerischen, romantischen Hauses auf dem Lande. Ein Blick zurück in die Geschichte zeigt jedoch, dass der Ursprung dieses Haustyps nur wenig mit einer Idylle gemein hat. Die Cottages waren einst die ärmlichen Behausungen der Landarbeiter und Handwerker. Vor dem 16. Jahrhundert bestanden die meisten Häuser nur aus ein oder zwei Räumen mit einer offenen Feuerstelle. Unter dem Dach war eine einfache Schlafstelle eingerichtet, die man über eine Leiter erreichte. Diese damals aus Lehmflechtwerk errichteten Häuschen sind fast alle dem Zahn der Zeit zum Opfer gefallen.

Erst im Laufe der Jahrhunderte wurde die Ausstattung der Cottages mit dem Bau von Obergeschoss, Treppen, Schornsteinen und Herden etwas komfortabler. Viele der Häuser, die heute von ihren Besitzern liebevoll instand gehalten werden,

stammen aus dem 19. Jahrhundert und wurden früher von wohlhabenden Händlern, Handwerksmeistern und freien Bauern bewohnt. Auch manche Adelige ließen sich ein großzügiges Cottage errichten, um einige Wochen oder Monate im Jahr auf dem Land leben zu können. Die Häuser sind aus Backstein, Feldstein oder Fachwerk erbaut, haben einen größeren Grundriss sowie fast immer zwei Stockwerke und ein Treppenhaus. Einige verfügen auch über einen Anbau, in dem sich einst die Speisekammer oder ein Raum zum Buttern befand. Oft gibt es im Garten auch ein kleines Nebengebäude oder einen Schuppen. Dort, wo heute zum Beispiel die Gartengerätschaften stehen, hatten die ursprünglichen Cottagebesitzer ihre Tiere untergebracht.
Auf einer Fahrt durch Cornwall sieht man immer wieder diese hübschen, zuweilen reetgedeckten Häuser, deren äußeres Erscheinungsbild nach wie vor die Merkmale der Entstehungszeit aufweist. Im Inneren wurden sie natürlich modernisiert, doch sind die Engländer bekannt dafür, gehobene Wohnkultur mit Traditionsbewusstsein zu vereinbaren. Dielenfußböden, weiß getünchte Steinwände, ein offener Kamin, alte Möbel und natürlich ein mit Samt bezogener Ohrensessel – all das schafft eine Atmosphäre ausgesprochener Gemütlichkeit. Wenn etwas aus langjährigem Familienbesitz stammt, wird es sorgfältig gepflegt, ganz gleich, ob es wertvoll ist oder nicht. So kann es durchaus passieren, dass ein Hausherr seinem Gast voller Stolz das breite geschnitzte Ehebett mit dem Hinweis vorführt, dass bereits sein Großvater darin gezeugt und geboren wurde.
Die Errungenschaften moderner Technik wie Heizung oder Kühlschrank haben selbstverständlich auch ins Cottage Einzug gehalten, doch dies zumeist auf unauffällige Weise. Der Kühlschrank ist vielleicht in die Speisekammer verbannt, während in der Küche noch ein alter Gusseisenherd steht. Über dem tiefen Ausgussbecken fließt aus zwei Messingkränen heißes und kaltes Wasser, auf dem polierten Holztisch liegt frisches Gemüse aus dem eigenen Garten, und an einem Deckenbal-

Während im oberen Laura-Ashley-Interieur ein warmes Rot eine behagliche Atmosphäre schafft, hat das „blaue Zimmer“ ein Flair frischer Seeluft.

In vielen englischen Landhäusern gibt es einen Kamin. Hier findet man sich am Abend vor dem prasselnden Feuer zu einem Drink ein.

ken hängen Kräuter zum Trocknen. Der besondere Charme einer Cottageküche liegt gerade in ihrer schlichten Ausstattung ohne jegliches Hightech. Hier möchte man einfach sitzen bleiben und den Duft der Suppe einsaugen, die leise auf dem Herd brodelt.

Viele Interieurs zeugen von einer großen Liebe zum Detail: Weidenkörbchen mit Potpourri, eine Sammlung blauer Glasflaschen in einer Fensternische, gleichmütig dreinblickende Porzellanhunde, eine antike Uhr auf dem Kaminsims, eingerahmt von alten Büchern, rustikales Tongeschirr in einem Regal oder ein kleines Ölgemälde vom Flohmarkt an der Wand – es sind die besonderen Kleinode oder auch Dinge des alltäglichen Gebrauchs, die den Blick des Betrachters auf sich lenken und in denen sich die Persönlichkeit der Hausbewohner spiegelt.

Zur englischen Mentalität gehört eine starke Bindung an Haus und Boden, und so verwundert es nicht, dass über 65 Prozent der Briten in den eigenen vier Wänden wohnen. „My home is my castle" – man schätzt das Gefühl der Unabhängigkeit und ist darauf bedacht, seine Privatsphäre zu wahren. Daher spielt in England auch die Wohnkultur eine so große Rolle. Selbst in den kleinen cornischen Städten findet man viele Einrichtungsgeschäfte und Antiquitätenläden mit wunderschönen Möbeln, Lampen und Stoffen. Es ist vor allem der typisch englische Landhausstil, der auch im übrigen Europa und darüber hinaus begeisterte Anhänger gefunden hat.

Zur Geschichte dieser Kultur gehört zweifellos der moderne Stil Laura Ashleys, die mit ihrer *Home Decoration* zum Synonym für gediegenes Landhaus-Ambiente wurde. Begonnen hatte alles im Jahr 1953, als Laura Ashley und ihr Mann Bernard in Pimlico, London, mit Druckrahmen, Farben und ein paar Meter Leinen die ersten Kopftücher, Tischsets und Servietten herstellten. Laura hatte zuvor eine Ausstellung über traditionelles Handwerk im Victoria & Albert Museum besucht und wollte eigentlich anhand alter Stoffflicken mit viktorianischen Designs Patchwork anfertigen. Doch da diese Stoffe rar waren, blieb nichts anderes übrig, als eigene zu produzieren. Während sich Bernard um die Druckausstattung und die geschäftliche Seite kümmerte, entwarf Laura eine Vielzahl von Mustern. Die Firma wuchs schnell, und außer einer erfolgreichen Modelinie kam im Laufe der Jahre auch eine Inneneinrichtungskollektion mit Tapeten, Möbeln, Lampen und Heimtextilien hinzu. Üppige Blumendekors auf Polstermöbeln, Kissen mit Paisleymustern, schwere Chintzbezüge in warmen Farben, geraffte Vorhänge mit dicken Troddeln, gestreifte und karierte Stoffe mit dem Flair frischer Landluft sowie jeweils darauf abgestimmte Tapeten und Bordüren – das sind lauter Elemente des typischen Laura Ashley-Interieurs, in dem sich Tradition und Moderne harmonisch vereinen.

Ganz gleich, ob stattliches Herrenhaus oder heimeliges Cottage – die Engländer sind stolz auf ihr Heim. In vielen Geschichten Rosamunde Pilchers ist es der Ort, an den ein Mensch nach langer Abwesenheit zurückkehrt, um wieder zu spüren, wo seine Wurzeln sind und wohin er gehört. Und in wem käme nicht der Wunsch auf, in solch einer Umgebung zu leben?

Blumen, Kohlköpfe und Kräuter

Die besondere Leidenschaft der Engländerinnen und Engländer ist das Gärtnern. Und überall in Cornwall wie in ganz Großbritannien findet man den typischen Cottagegarten. Nirgendwo anders wächst und blüht es auf kleiner Fläche so üppig wie hier. Beete voller Akeleien, Lavendel, Mohn und Sonnenblumen, Kletterrosen, die sich in Bäume ranken, kugelförmige Buchsbäume und Sträucher in allen Grünschattierungen werden von den *Gardeners* hingebungsvoll gehegt und gepflegt. Umgeben von einer kleinen Mauer oder Hecke mit beranktem Gartentor, gibt es kaum ein unbegrüntes Plätzchen, nur schmale Pfade aus gestampfter Erde oder Ziegelsteinen. Ein schnurgerader Weg führt zum Haus, das mit Rosen oder Geißblatt berankt ist. Davor steht oft eine Holzbank, die dazu einlädt, in Muße den Garten zu betrachten.

Wegen des günstigen Klimas in Cornwall nutzen viele Leute ihren Garten auch zum Obst- und Gemüseanbau. Schon die Cottagebesitzer früherer Jahrhunderte zogen Gemüse wie Kartoffeln, Zwiebeln, Bohnen, Kohl und Karotten. Kräuter, zum Beispiel Thymian, Salbei und Rosmarin, wuchsen in der Nähe der Küchentür, um sie gleich zur Hand zu haben. Sie fanden aber nicht nur beim Kochen Verwendung, sondern dienten ebenso als Heilmittel und Duftspender. Damals, als sich die Bewohner hauptsächlich selbst versorgten, hielt man auch Tiere, die Eier, Milch und Fleisch lieferten, und manchmal standen sogar Bienenkörbe im Garten. Blumen oder Rasenflächen spielten dagegen im Vergleich zu unserer Zeit nur eine untergeordnete Rolle, denn der ursprüngliche Cottagegarten war vor allem ein Nutzgarten.

Heutzutage, wo Gemüse und Obst von guter Qualität überall in den Geschäften angeboten wird, ist der Anbau für den persönlichen Verbrauch nicht mehr so verbreitet. Gleichwohl trifft man in Cornwall immer wieder auf Gärtner, die sich am Ertrag ihres eigenen Bodens erfreuen. Nebeneinander gepflanzte Reihen von Zwiebeln, Salat- und Kohlköpfen sehen oft genauso schön aus wie ein Blumenbeet. Oder man lässt gleich Gemüse und Blumen in natürlicher Symbiose zusammen gedeihen, wodurch auch das Ungeziefer fern gehalten

Wer in seinem Garten mehr erntet, als er verbrauchen kann, stellt einen Tisch an den Straßenrand und verkauft dort Gemüse.

wird. Gewärmt von der cornischen Sonne, wachsen im Gewächshaus Tomaten und Gurken, während auf einem Komposthaufen orange-gelbe Kürbisse prangen. An den Sträuchern entlang der Gartenmauer leuchten im Sommer Johannisbeeren und Himbeeren. Und gleich am Haus trägt ein Pflaumenbaum dicke dunkelviolette Früchte.

So manchen Gärtner erfüllt das Gedeihen in seinem Garten mit so großem Stolz, dass er sogar an Wettbewerben um die größten Möhren oder Tomaten der Saison teilnimmt. Erscheint dann ein Foto des Siegers samt Siegergemüse in der lokalen Presse, hat das nichts mit Skurrilität zu tun, ganz im Gegenteil, es ruft Bewunderung hervor und schafft Ansehen.

Im eigenen Garten gezogenes Obst und Gemüse zu ernten ist eine überaus befriedigende Tätigkeit. Für das, was nicht gleich verbraucht werden kann, gibt es in England zahlreiche Rezepte zum Einmachen und Einkochen. Selbst gemachte Marmelade steht ebenso hoch im Kurs wie eingelegtes Essiggemüse oder Chutneys aus Kürbis und Tomaten.

Ein kulinarisches Paradies

Cornwall ist schon seit alters eine Region des Obstanbaus, wo unter anderem Birnen und Pfirsiche gut gedeihen und die tonnenschwere Apfelernte zu dem köstlichen *Cider* verarbeitet wird. Auf den großen landwirtschaftlichen Flächen werden Kartoffeln, Rüben und Kohl angebaut. Die Farmer bieten ihr „Fresh Farm Produce" gleich am Straßenrand an, und auch mancher „Kleingärtner" mit guter Ernte stellt einen Tisch vor sein Haus, auf dem Bohnen, Radieschen und Gurken zum Verkauf ausliegen.

Dank der vielen lokalen Produkte, des ertragreichen Fischfangs sowie der Viehzucht und -haltung ist die Grafschaft ein Paradies für kulinarische Genüsse. Die Läden in den Dörfern und Städten bieten alles an, was Herz und Gaumen begehren. Schon der Anblick mancher Schaufenster, gefüllt mit Süßwaren, Marmeladen oder herzhaften Pasteten, lässt einem das Wasser im Mund zusammenlaufen. In Käsegeschäften bekommt man den berühmten blau geäderten Stilton, zwei Jahre gereiften Cheddar und feine Schafs- und Ziegenkäse, von denen einige in den kleinen Käsereien der Region hergestellt werden. Die sahnig-buttrige *Clotted Cream*, die besonders gern zu *Scones* (Teebrötchen) gegessen wird, gibt es in jedem kleinen Laden. Metzgereien und Fischgeschäfte locken täglich mit appetitlich frischer Ware. Und in den Bäckereien und Konditoreien, erfüllt vom betörenden Duft frischen Gebäcks, werden die hervorragenden Produkte englischer Backkunst angeboten.

Lange Zeit genoss die englische Küche – nicht ganz zu Unrecht – keinen guten Ruf. Vor allem die Franzosen blickten auf die Kochkünste der Engländer herab. Doch war es gerade die Nachbarschaft zu Frankreich – schließlich ist man nur durch den Ärmelkanal voneinander getrennt –, die England in punkto kulinarischem Genuss mehr geprägt hat, als es der britische Stolz zugeben möchte.

Es waren vor allem zwei berühmte französische Köche, die im 19. Jahrhundert die englische Küche beeinflussten und deren eher derbe Hausmannskost nachhaltig revolutionierten. 1816 trat der aus Paris stammende *Chef de cuisine* Antonin Carême in den Dienst des Prinzregenten. Er kochte zwar nur acht Monate

FRESH
FARM
PRODUCE

im Royal Pavilion in Brighton, setzte jedoch bei der feinen Gesellschaft das mehrgängige Menü durch und lehrte den richtigen Umgang mit Gewürzen, Saucen und Fonds.
Bedeutsam war auch das Wirken des berühmten Georges Escoffier, der 1889 von Cesar Ritz in das prunkvolle Londoner Savoy Hotel geholt wurde. Dort kümmerte sich Escoffier um das leibliche Wohl der noblen Elite, unter anderem König Edward VII. Für die legendäre Opernsängerin Nellie Melba erfand er übrigens den „Pfirsich Melba" mit Vanilleeis und Himbeerpüree.
Der französische Einfluss hat sich auch in der gastronomischen Sprache niedergeschlagen. So heißt das Rind auf der Wiese *Cow*, als zubereitetes Fleisch jedoch *Beef*, was ein aus dem Französischen entlehntes Wort ist. Gleiches gilt für das Schwein (aus dem *Pig* wird auf der Speisekarte *Pork*) und den Hammel (*Wether* wird serviert zum *Mutton*).
Abgesehen davon hat natürlich auch die Zeit des British Empire ihre Spuren hinterlassen. Aus Indien, Afrika und der Karibik kamen bis dahin unbekannte Gewürze und Gewürzmischungen, die den Speisen eine exotische Note verliehen. Heutzutage sind zum Beispiel Currygerichte ein selbstverständlicher Bestandteil der englischen Küche.
Das britische Inselreich ist folglich fremden Einflüssen gegenüber gar nicht so unaufgeschlossen wie vielfach angenommen. Davon kann sich jeder überzeugen, der in einem der Restaurants oder Hotels speist, in denen innovative Köche für gediegene Tafelfreuden sorgen. Aber auch die klassischen englischen Gerichte wie Roastbeef oder Filet Wellington sind wahre Gaumenfreuden. Dieses Buch möchte zu einer kulinarischen Reise durch die englische und insbesondere die cornische Küche einladen. Denn gerade in Cornwall ist der Speiseplan sehr abwechslungsreich: Seien es einfache oder aber aufwändige Fisch- und Seafoodgerichte, traditionelle Spezialitäten der Region oder delikate Fleisch- und Wildspeisen – hier kann jeder schwelgen, der anspruchsvolle Feinschmecker ebenso wie der Liebhaber einer bodenständigen Küche. Natürlich dürfen auch das reichhaltige englische Frühstück und der herrliche Afternoon Tea nicht fehlen, die als Inbegiffe britischer Lebensart gelten. Lassen Sie sich in eine Welt der Sinnenfreude entführen – nach Cornwall, in das Land der Rosamunde Pilcher!

English Breakfast

„In der Nacht regnete es. Doch am nächsten Morgen war es windstill und klar, der Himmel zeigte ein verwaschenes Blau, und alles war nass … Ich beugte mich aus dem Fenster und roch die süße, moosige Feuchtigkeit. Das Meer lag unbewegt und blau wie ein unendliches Seidentuch, Möwen segelten träge über den Rand der Steilküste hinweg, ein Kutter verließ den Hafen und nahm Kurs auf ferne Fischgründe, und die Luft war so still, dass ich das ferne Tuckern seines Motors hören konnte. Meine Lebensgeister erwachten langsam …"

aus: R. Pilcher, Stürmische Begegnung

Ein Morgen auf dem Lande

Wenn in der Ferne über den Hügeln der Hochmoore die Sonne aufgeht, sind die Möwen schon längst unterwegs und umsegeln die kleinen Cottages. Ein erster Blick aus dem Fenster lässt das Herz frohlocken – nur ein paar winzige Wolken ziehen am Himmel und die klare Luft verspricht einen herrlichen Tag. Selbst wer nicht in unmittelbarer Nähe der Küste wohnt, wird von den kreischenden Vögeln daran erinnert, dass in Cornwall das Meer nie weit entfernt ist.

Mrs. Jilks, die Bed & Breakfast-Wirtin, klopft an die Zimmertür und serviert den *Early Morning Tea*. Und sie weiß auch schon einige Neuigkeiten zu berichten. Dem Nachbarfarmer sind heute Morgen fünf Kühe von der Weide gelaufen, und das Cottage oben am Waldrand ist zu verkaufen.

Wann soll sie im Garten das Frühstück servieren? Um neun. Das ist ihr recht, dann kann sie vorher im Dorf noch frische Milch holen.

Bei einem Spaziergang vor dem Frühstück zeigt sich die Landschaft Cornwalls von einer ganz besonderen Seite. Über dem Meer steigt leichter Nebel hoch und verhüllt die steilen Klippen. Eine frische Brise, die über die Bucht weht, vertreibt auch die letzte Müdigkeit. Am Strand ist der kühle Sand noch fest und lädt zum Laufen ein. Überall liegen Seetang und Treibholz, doch Strandräuber, die auf Schwemmgut warten, gibt es schon lange nicht mehr. Allmählich lösen sich die dunstigen Schleier auf. Auf den Felsen am Ende der Bucht brüten Seevögel. In manchen Jahren kann man oben vom Klippenrand aus Wale entdecken, die sich hier in Küstennähe einfinden, um Nahrung zu suchen.

Fernab von jedem großstädtischen Treiben ist es diese wunderbare Ruhe, die schon am Morgen zum Verweilen einlädt, zum Genießen des einzigartigen Panoramas, das sich vor dem Auge des Betrachters erstreckt. Doch der neue Tag lockt und der Spaziergänger muss allein schon deshalb weiter, weil ihn die herzensgute Gastgeberin Mrs. Jilks mit einem opulenten Frühstück erwartet.
Vom Strand führt ein schmaler Pfad über die Klippen zum Dorf hinauf, dessen Kirchturm schon von weitem zu sehen ist. Und weiter geht es federnden Schrittes über saftig-grüne Wiesen, unter denen eine dicke Torfschicht liegt.
Allmählich wird das Rauschen des Meeres leiser, erfüllen ganz andere Geräusche die Luft, die davon zeugen, dass gerade ein ganzes Dorf seinen Alltag begonnen hat: das Blöken von Schafen, die auf die Wiese getrieben werden, die fröhlichen Rufe der Kinder, die in ihrer Schuluniform auf den Bus warten, dazwischen das Schlagen der Kirchturmuhr – der Rhythmus des Lebens auf diesem südwestlichen Zipfel Englands ist immer noch unverwechselbar.
Entlang der Hauptstraße des kleinen idyllischen Ortes stehen schmale Reihen von Häusern aus grauem oder hellbraunem Stein. Nun öffnen auch die Geschäfte ihre Türen. Hier und da erklingt eine Glocke, die das Eintreten eines frühen Kunden meldet. Ein alter Mann stellt ein großes Schild vor seinen Käseladen, auf dem in Kreide geschrieben die Angebote des Tages stehen. Das Blumengeschäft nebenan zieht sofort den Blick auf sich. Eingangstür und Fensterrahmen des Hauses sind liebevoll in blauer Farbe gestrichen, und vor seiner Front stehen Töpfe und Kübel voller Blumen, deren Blüten im ersten Sonnenlicht erstrahlen. Die Menschen in Cornwall lieben Pflanzen, sie hegen und pflegen ihre zauberhaften Gärten, und vor den Fenstern vieler Häuser prangen üppige Blumenkästen.
Am anderen Ende des Dorfes angelangt, taucht man in eine Allee riesiger Bäume ein, deren Laub den Weg überwölbt und kaum einen Sonnenstrahl hindurchlässt. Dann wieder kann der Blick frei schweifen, auf beiden Seiten ist die Straße von endlos langen Steinwällen gesäumt, die schon vor Jahrhunderten als Windschutz und zur Begrenzung der Viehweiden aufgeschichtet wurden.

Viele Leute in Cornwall halten sich ein paar Hühner. So gibt es immer frische Eier, die beim englischen Frühstück nicht fehlen dürfen.

Hinter den Wällen erstreckt sich sattes, von Hecken und weiteren Mauern durchzogenes Grün, auf dem Rinder friedlich grasen. Es sind robuste Tiere, die rund ums Jahr draußen bleiben. Sanft steigen die Weideflächen zum Horizont hin an, und führe nicht gerade ein Auto vorbei, könnte man fast glauben, die Zeit sei hier in dieser Landschaft Cornwalls stehen geblieben.

In England ist es üblich, seinen Tee mit viel Milch zu trinken.
Sie muss kalt sein, damit der Geschmack des Getränks nicht beeinträchtigt wird.

Natürlich macht so viel würzige Morgenluft hungrig, und Mrs. Jilks reetgedecktes Haus ist nicht mehr weit, wenn man die Abkürzung über den Golfplatz nimmt. Die ersten Golfer sind bereits unterwegs. Über den gepflegten *Greens* liegt noch dieser wunderbar zarte Hauch von Nebel, es duftet nach Wiese und Wald.

In Cornwall Golf zu spielen, zumal so früh am Morgen, hat weit mehr mit einer Art entspannter Wanderung zu tun als mit dem verbissenen Ernst, den Golfspieler in unseren Regionen an den Tag legen. Es mag wohl auch an dieser ursprünglichen Natur Südwestenglands liegen, dass hier alles Elitäre fehl am Platze scheint.

Zwischen den Eschen hinter Loch vier ertönt plötzlich Getrampel. Und dann erscheinen sie nacheinander – fünf ausgewachsene, zottelige schwarze Kühe, freundlich zuschauend, was sich zu so früher Stunde auf dem Golfplatz tut.

Es müssen dieselben Kühe sein, die bereits vor dem *Early Morning Tea* bei Mrs. Jilks als vermisst gemeldet wurden.

Doch noch bevor die Tiere bis auf die saftigen Greens des Platzes vordringen können, treibt man sie laut rufend und die Golfschläger schwingend wieder zurück. Obschon sich einer der Gentlemen noch vornehm am Rande der Gesellschaft zurückhält, scheint er zu überlegen, mit welchem Eisen man den Tieren am besten Einhalt gebieten kann. Selbst solche kleinen Katastrophen werden hier „very british" gelöst.

Nun steht die Sonne schon etwas höher, und in Mrs. Jilks Garten haben inzwischen alle Blumen ihre Blüten geöffnet. Eigentlich ist der Garten fast schon ein Park, so weit erstreckt sich die Rasenfläche bis zu den hohen Kastanien am Ende des Grundstücks. Auch auf der Nachbarwiese blöken Schafe und drängen sich neugierig an den Zaun.

Für ihre Hausgäste hat Mrs. Jilks den großen Tisch und die Gartenstühle mitten auf die Terrasse gestellt und umsichtig dafür gesorgt, dass sich auf der weißblauen Tischdecke alles befindet, was zu einem echten englischen Frühstück gehört. Und so wartet dieser Morgen auf dem Lande nun auch noch mit einer kulinarischen Besonderheit auf...

English Breakfast

Wie sagte noch der englische Schriftsteller William Somerset Maugham? „Um in England wirklich gut zu essen, sollte man dreimal am Tag frühstücken." Dieser Ausspruch hat zwar inzwischen seine Gültigkeit verloren, da man heutzutage auf den britischen Inseln auch nach der morgendlichen Mahlzeit köstlich speisen kann, doch bleibt es nach wie vor wahr, dass das berühmte *English Breakfast* Gaumenfreuden für alle Geschmackssinne bereithält. Während das Frühstück in südlichen Ländern oft nur aus Kaffee und einer Kleinigkeit besteht, ist es in England schon seit Jahrhunderten üblich, am Morgen ein reichhaltiges Mahl zu sich zu nehmen. Zugegeben, heute wird kaum noch jemand die Muße haben, sich um diese Tageszeit ausgiebigen Tafelfreuden hinzugeben. Doch an einem geruhsamen Wochenende lieben es die Engländer noch immer, die ganze Familie und Freunde zu einem traditionellen *Breakfast* um den Tisch zu versammeln.

In seiner klassischen Variante besteht das englische Frühstück aus nicht weniger als fünf Gängen. Der Start in den Tag beginnt vitaminreich mit einem Glas frisch gepressten Orangensafts, einer halben, mit Zucker bestreuten Grapefruit, die man auslöffelt, oder einer Schale Obstkompott.

Als Nächstes werden *Cereals* gereicht: Cornflakes, mit warmer bzw. kalter Milch übergossen, oder aber Porridge. Dieser bescheiden anmutende Brei aus Haferflocken oder -mehl ist überaus schmackhaft. Sein wahres Flair entfaltet er durch die Zugabe von etwas Butter, braunem Zucker, heißer Milch oder Sahne. Der sehr nahrhafte Hafer wird übrigens vor allem in Schottland angebaut, wo er aufgrund des kühlen Klimas besonders gut gedeiht.

Nun wird es herzhaft. Der dritte Gang besteht aus Eiern in verschiedener Zubereitung. Der Klassiker sind Spiegeleier mit Speck *(Ham and Eggs)* oder Schinken *(Bacon and Eggs)*. Als

Wenn am Morgen dichte Nebelschwaden über die Küste ziehen, ist es Zeit für eine erste Tasse Tee.

Ein Glas Orangensaft und Cornflakes mit Milch – so beginnt ein Frühstück in der Morgensonne

Alternative bieten sich Rühreier *(Scrambled Eggs)* oder ein „Verlorenes Ei" *(Poached Egg)* an. Zum Eiergericht gehören diverse Beilagen wie gebratene Champignons, Grilltomaten, *Baked Beans* (weiße Bohnen in Tomatensauce), die in Dosen erhältlich sind, und kleine Würstchen. Da die Engländer ihre Eier nicht gern aus der Schale löffeln, werden sie auch in verschließbaren Förmchen gekocht und dann auf klein geschnittenem Schinken, Krabben mit Kräutern, geraspeltem Käse oder in Butter gedünsteten Spargelspitzen serviert.

Wer jetzt noch Appetit oder gar Hunger verspürt, der kann sich auf ein Fleisch- oder Fischgericht freuen. Typische Speisen sind Sautierte Nierchen *(Saute of Kidneys)* oder *Kedgeree* aus Reis und Fisch. Eine andere trägt den lustigen Namen *Bubble and Squeak*. Dahinter verbirgt sich ein Pfannengericht aus gebratenen Kartoffeln, Weiß- oder Rosenkohl und eventuell Zwiebeln. Der Kohl „quietscht" *(squeak)*, wenn er in dem heißen Speckfett brät. Diese Gerichte eignen sich natürlich auch für ein leichtes Abendessen oder einen Imbiss.

Zum Abschluss des Frühstücksmenüs folgen Toast und verschiedene Marmeladen, die oft aus der eigenen Küche stammen.

Dazu werden Kaffee oder Tee mit Milch gereicht, wobei viele Engländer letzteren bevorzugen. Nicht wenige trinken eine erste Tasse – den *Early Morning Tea* – noch vor dem eigentlichen Frühstück.

Rezepte

Porridge

Haferbrei

1 l Wasser
120 g Haferflocken
Salz
Butter
brauner Zucker
süße Sahne

1. Das Wasser zum Kochen bringen und unter Rühren die Haferflocken einstreuen. Etwas Salz hinzugeben. Die Masse aufkochen und dann bei reduzierter Hitze etwa 30 Minuten köcheln lassen. Anschließend den Brei noch einmal kurz aufkochen und durchrühren.
2. Den Porridge in tiefe Teller oder Schälchen füllen. Jeweils einen Stich Butter dazugeben und den Brei mit etwas braunem Zucker bestreuen.
3. Separat die Sahne reichen, die jeder je nach Geschmack über den Porridge gießt.

Eier

Eier – auf verschiedene Weise zubereitet – dürfen auf dem englischen Frühstückstisch nicht fehlen. Klassische Beilagen sind gegrillte Tomaten, Cocktailwürstchen, gebratene Champignons, Baked Beans *und in Butter geröstete Weißbrotscheiben.*

Bacon and Eggs

Spiegeleier mit Speck

12 Scheiben Bacon (Frühstücksspeck)
Butter
4 Eier
Salz, schwarzer Pfeffer

1. In einer großen Pfanne bei mittlerer Hitze etwas Butter zerlassen. Die Speckscheiben hineingeben und auf beiden Seiten knusprig braten. Dann herausnehmen und warm halten.
2. Etwas frische Butter in die Pfanne geben. Nun die Eier am Pfannenrand aufschlagen, in die Pfanne gleiten lassen und bei milder Hitze garen.
3. Die Speckscheiben auf Teller legen. Die Spiegeleier dazugeben und mit Salz und Pfeffer würzen.

Scrambled Eggs

Scrambled Eggs

Rührei

4 Eier
Milch oder süße Sahne
Salz, weißer Pfeffer
Butter
Schnittlauch
geriebener Käse
(z. B. Cheddar)

1. Die Eier in einer Schüssel aufschlagen. Pro Ei eine halbe Eierschale Milch oder Sahne zugeben, mit Salz und Pfeffer würzen und verschlagen. Dann den fein gehackten Schnittlauch und den Käse einrühren. Damit die Masse noch cremiger wird, können ein paar Butterstückchen untergemischt werden.
2. Butter in einer Pfanne zerlassen (sie darf nicht bräunen). Die Eimasse hineingießen und bei geringer Hitze stocken lassen. Dabei mit einem Holzlöffel vorsichtig hin und her schieben. Damit das Rührei nicht zu trocken wird, sollte es vom Herd genommen werden, wenn ein Teil noch cremig ist.
3. Auf angewärmten Tellern sofort servieren.

Baked Eggs

Gebackene Eier

4 Eier
Butter
2 EL süße Sahne
Salz, weißer Pfeffer

1. Den Backofen auf 200 °C vorheizen. Vier feuerfeste Förmchen dick mit Butter ausfetten.
2. In jedes Förmchen ein aufgeschlagenes Ei geben. Jeweils einen Teelöffel Sahne hinzufügen und mit Salz und Pfeffer würzen.
3. Die Eier in den Backofen geben und etwa 8 Minuten backen, bis sie fest sind.
4. Warm mit einem Teelöffel servieren.

Saute of Kidneys

Sautierte Nierchen

Man kann die Nierchen zu Kedgeree reichen oder auch als separates Gericht servieren. Sie wurden von den Köchen des 18. und 19. Jahrhunderts wieder entdeckt und gelten seither als exquisite Speise der englischen Küche.

10 Lammnierchen
60 g Butter
50 ml Sherry
¼ l reduzierte Kalbsbrühe
Petersilie
Salz, Pfeffer
Toastbrot

1. Zunächst von den Lammnierchen die äußere Schicht weißen Fetts mit den Fingern entfernen. Sollte das nicht gelingen, beginnt man das Fett mit dem Messer dort auszulösen, wo es mit dem Kern der Niere verwachsen ist.
2. Die Nierchen halbieren und den weißen Kern entfernen; sein Fett schmilzt beim kurzen Braten nicht und würde die Niere zäh machen.
3. Butter in einer Pfanne zerlassen und die Nierchen bei großer Hitze circa 3 Minuten sautieren. Mit Salz und Pfeffer würzen.
4. Sobald die Nierchen angebräunt sind, vorsichtig wenden, ohne dabei das Fleisch zu verletzen, da es sonst seinen Saft verliert.
5. Den Bratensaft mit Sherry ablöschen. (Nach Belieben kann man auch Madeira oder Cognac verwenden.)
6. Die reduzierte Kalbsbrühe hinzufügen und mit dem Sherry-Bratfond verrühren. Die Nierchen auf eine vorgewärmte Platte geben und mit gehackter Petersilie bestreuen.
   Dazu kleine Croutons aus Toast- oder Weißbrot servieren.

Kedgeree

Reis mit geräuchertem Fisch

Es waren Kolonialherren, die im 19. Jahrhundert dieses exotische Gericht aus Indien mitbrachten, wo es „khichri" genannt wird und im Wesentlichen aus Reis und Linsen besteht. Zu Zeiten Queen Victorias ließ man die Linsen einfach weg und fügte stattdessen Eier und Fisch hinzu.

180 g Langkornreis
1 TL gemahlene Kurkuma (Gelbwurz)
250 g geräucherter Schellfisch oder Heilbutt
1/8 l Milch
60 g Butter
2 hart gekochte Eier
Saft einer 1/2 Zitrone
Salz, Pfeffer
Muskat, Cayennepfeffer
1/8 l Sahne
1 Bund Petersilie

1. Den Reis mit der doppelten Menge Wasser zum Kochen bringen. Mit Salz und Kurkuma würzen. (Dieses Gewürz aus der indischen Küche verleiht dem Reisgericht seine charakteristische gelbe Farbe.) Kurz umrühren und dann die Hitze reduzieren. Den Reis im offenen Topf circa 15 Minuten simmern lassen, bis er gar, aber nicht klebrig ist.
2. Während der Reis gart, den geräucherten Fisch enthäuten und entgräten und dann in Milch pochieren. Dazu sollte man einen möglichst breiten Topf benutzen, damit die Filets flach liegen und nicht zerbrechen. Die Milch darf übrigens auf keinen Fall kochen. Etwas frisch gemahlenen schwarzen Pfeffer darüber geben. Nach 10 Minuten den Fisch vom Herd nehmen, auf Küchenpapier abtrocknen und die Filets mit Hilfe von zwei Gabeln in kleine Stücke zerteilen.
3. Die Butter in einer Pfanne zum Schmelzen bringen. Dann das gewürfelte Eiweiß von 2 Eiern hinzufügen und darüber den Reis geben. Vorsichtig umrühren und die Pfanne gelegentlich rütteln, damit der Reis weder zusammenklebt noch anbrennt.
4. Den Fisch locker darunter mischen und mit geriebener Muskatnuss, dem Zitronensaft, wenn nötig etwas Salz und einer Messerspitze Cayennepfeffer würzen.
5. Die Sahne unter das Gericht rühren. Vom Herd nehmen und auf einer vorgewärmten Platte warm stellen.
6. Das Gelbe der Eier durch ein Sieb passieren und darüber verteilen. Zum Schluss mit fein gehackter Petersilie garnieren.

English Marmalade

Eines der bekanntesten britischen Produkte, das weder beim Frühstück noch beim Tee am Nachmittag fehlen darf, ist Marmelade. Die Engländer unterscheiden übrigens zwischen *Marmalade*, die immer aus Zitrusfrüchten hergestellt wird, und *Jam*, einem Aufstrich, der aus anderen Fruchtarten oder auch Schlehen oder Hagebutten besteht. Das Ursprungsland der Marmelade ist Portugal. Von dort wurde im 14. und 15. Jahrhundert eine feste süße Masse aus *Marmelos* (Quitten) nach England importiert. Diese Art Konfekt erhielt hier den Namen *Marmalade*. Orangenmarmelade wurde erstmals Ende des 18. Jahrhunderts im schottischen Dundee, einer Hafenstadt im Osten von Edinburgh, hergestellt. Dort hatte ein gewisser James Keiller eine ganze Schiffsladung spanischer Orangen aufgekauft, um sie in seinem Laden zu verkaufen. Doch da die Früchte bitter waren, fand er keine Abnehmer. So beschloss seine Frau, sie zu einer *Marmalade* zu verarbeiten. Mit ihrem ausgeprägten Geschäftssinn entschied Mrs. Keiller, die Früchte nicht zu einer konzentrierten Masse einzukochen, sondern einen etwas flüssigeren Aufstrich für Toastscheiben zu bereiten. Auf diese Weise konnte sie mit derselben Grundmenge bedeutend mehr Gläser für den Verkauf füllen.

Heute wird fast der gesamte Ertrag an Bitterorangen, die im Süden Spaniens wachsen, für die britische Marmeladenproduktion verwendet. Von dort gelangen die „goldenen Gläser" in die ganze Welt. Viele Hausfrauen in England kochen ihre eigene Marmelade aus Orangen oder anderen Zitrusfrüchten wie Grapefruits, Mandarinen oder Zitronen. Zur geschmacklichen Verfeinerung empfehlen viele Rezepte die Zugabe von Brandy, Whisky, Ingwer oder schwarzem Sirup.

Orangenmarmelade

Für dieses Rezept empfiehlt es sich, bittere Orangen zu verwenden. Da diese jedoch nicht immer erhältlich sind, sollten auf jeden Fall Früchte ausgesucht werden, die nicht zu süß sind.

1 kg unbehandelte Orangen
1 l Wasser
2 kg Zucker
10 EL Zitronensaft

1. Zwei Orangen schälen. Die Schalen von der weißen Haut befreien und in feine Streifen schneiden. Diese mit dem Wasser und dem Zucker etwa 15 Minuten kochen.
2. Die übrigen Orangen ebenfalls schälen. Das Fruchtfleisch aller Orangen mit Hilfe eines scharfen Messers aus den Häutchen lösen und klein schneiden.
3. Die Häutchen und Kerne in einen kleinen Topf geben, mit Wasser bedecken und 10 Minuten köcheln lassen.
4. Das Fruchtfleisch zu der Zuckerlösung geben und so lange köcheln lassen, bis die Schalen und Fruchtstücke weich sind.
5. Das Kochwasser der Häutchen und Kerne abschütten und mit dem Zitronensaft zu der Fruchtmasse geben. Alles unter Rühren so lange kochen, bis die Marmelade fest zu werden beginnt. Das dauert ungefähr 10 Minuten. Achtung: Wird dieser Punkt überschritten, geliert die Marmelade nicht mehr.
6. Die Marmelade in ausgekochte Gläser füllen und nach dem Erkalten mit Schraubdeckeln verschließen.

£1.99
FINEST
CORNISH
BISCUITS
£1.99
FINEST
CORNISH
BISCUITS
FURNISS
EST 1886
SHORTIES
£1.99
FURNISS
EST 1886
CORNISH
FAIRINGS
SPICED BISCUITS

Cornische Spezialitäten

„Der Teufel fürchtet sich, nach Cornwall zu kommen, aus Angst, in eine Pastete gebacken zu werden.“

Cornische Redensart

Cornish Pasty, Clotted Cream & Cider

Wie in jeder Grafschaft Englands, so gibt es auch in Cornwall einige Speisen und Erzeugnisse, die mit Stolz als Spezialitäten der Region gerühmt werden. Wer durch die Straßen eines cornischen Dorfes oder Städtchens geht, wird unweigerlich an einem Laden vorbeikommen, in dessen Schaufenster Bleche voller köstlicher Pasteten liegen. Die *Cornish Pasty*, eine gefüllte Teigtasche, ist ein recht einfaches Gericht, doch vielleicht liegt gerade darin das Geheimnis seiner Beliebtheit. Praktisch zu essen, da man weder Teller noch Besteck benötigt, ist die *Pasty* ein willkommener Snack, und sie steht auch bei den meisten cornischen Familien einmal in der Woche auf dem Speiseplan.

Traditionell besteht die Füllung der *Cornish Pasty* aus Rindfleisch, Kartoffeln, Zwiebeln und weißen oder gelben Rüben. Für diese klassische Variante gelten zudem strenge Regeln: Das Fleisch darf ausschließlich vom Rind stammen und keinesfalls durch den Wolf gedreht sein. Des Weiteren schneidet man die Gemüse nicht in Würfel, sondern in Scheiben. Und keine der Zutaten sollte vorgekocht sein, damit diese während der Backzeit ihren vollen Geschmack entfalten können.

Doch gibt es natürlich auch andere schmackhafte Varianten, zum Beispiel mit Schweinefleisch, Leber, Lauch oder Möhren. Im Grunde sind der Fantasie keine Grenzen gesetzt, und nur Puristen werden angesichts kulinarischer Experimentierfreude den Blick gen Himmel wenden. Angeblich soll es auch eine zweifach gefüllte *Pasty* geben, die an einem Ende Fleisch und Gemüse und am anderen Marmelade oder Kompott enthält. Die Idee, mit einer Teigtasche Haupt- und Nachspeise auf einmal serviert zu bekommen, erscheint reizvoll. Da aber die Ingredienzen verschiedene Garzeiten haben, ist von der Zubereitung dieser Komplett-Mahlzeit eher abzuraten.

Wenn in cornischen Haushalten *Pasties* serviert werden, sind die Teighüllen vor dem Backen mit den Initialen der Familienmitglieder, die vielleicht unterschiedliche Füllungen bevorzugen, versehen worden. Zweckmäßig ist diese Kennzeichnung auch für den Fall, dass Reste übrig bleiben, die dann ihrem „Besitzer" zugeordnet werden können.

Goldgelbe Pasteten mit verschiedenen herzhaften Füllungen kann man in den cornischen Städten an jeder Straßenecke kaufen.

Erfunden wurde die *Pasty* angeblich von den Frauen der Bergleute, die früher in den zahlreichen Zinnminen der Grafschaft schufteten. Die Arbeiter brachten die Mahlzeit von zu Hause mit, und in vielen Minen gab es sogar Öfen, in denen die Pasteten bis zum Mittag warm gehalten wurden. Nicht nur der Vorteil, keine Hilfsmittel zu benötigen, sprach für den Verzehr dieser Speise am Arbeitsplatz, auch das vorherige Händewaschen erübrigte sich, da man den Teigrand, an dem die *Pasty* festgehalten wurde, nach dem Essen einfach fortwarf.
Bei den Fischern, einem sehr abergläubischen Berufsstand, verhielt es sich anders. Zwar aßen sie *Pasties* mit Freuden zu Hause, doch nahmen sie nie welche mit an Bord, weil das, wie es hieß, Unglück brächte. Die findigen Fischer aus dem Dorf Cadgwith an der Südküste hatten allerdings eine Möglichkeit ersonnen, drohendem Unheil zu trotzen. Wurde auf dem Schiff tatsächlich eine *Pasty* gefunden, brachen sie einfach die beiden Enden ab, sodass der Teufel, den sie in der Pastete gefangen wähnten, schleunigst entfloh. Wahrscheinlich hütet er sich ohnehin, in Cornwall sein Unwesen zu treiben, denn eine alte Redensart lautet: „Der Teufel fürchtet sich, nach Cornwall zu kommen, aus Angst, in eine Pastete gebacken zu werden."
In dem Fischerort Fowey scheint man dagegen der unglückseligen Verbindung von *Pasties* und Schiffen nicht viel Bedeutung beizumessen. Einmal im Jahr findet dort ein Festschmaus statt, zu dem eine riesige *Pasty* vor dem Gasthaus „King of Prussia" aufgebaut wird. Im Dorf selbst gibt es allerdings keinen Ofen, der für die fast zwei Meter lange Pastete groß genug wäre. Wohl aber in Polruan, auf der anderen Seite des Flusses.

Und so wird das imposante Backwerk in Begleitung einer Kapelle alljährlich auf einem Kahn über das Wasser transportiert. Überhaupt hat Backen in Cornwall eine lange Tradition. Außer herzhaften Pasteten werden überall Kuchen, süße Brötchen und Gebäck angeboten, die am Nachmittag die Teetafel zieren. Neben vielen Köstlichkeiten aus ganz England, die in dem Kapitel „Afternoon Tea" vorgestellt werden, sei hier der Cornische Safrankuchen erwähnt, den man auch als süßes Brot bezeichnen kann. Safran ist ein typisches Gewürz der cornischen Küche. In früheren Jahrhunderten war es als kostbare Zutat im ganzen Land verbreitet, doch ab dem 19. Jahrhundert taucht es nur noch in wenigen Rezepten auf. Einzig im äußersten Südwesten Englands fand das gelbe Gewürz beim Backen weiterhin Verwendung. Der Grund mag darin liegen, dass hier der Echte Safran wuchs, eine Krokusart, deren violette Blüten ganze Wiesen überziehen. Heutzutage kauft man das teure Gewürz in Kleinstmengen als Pulver oder Fäden, die in Wasser aufgelöst werden und jedem Gericht oder Gebäck einen wunderbaren Gelbton verleihen.

Zum berühmten cornischen „Cream Tea" werden Teebrötchen, „Clotted Cream", Erdbeermarmelade und natürlich Tee serviert.

Eine weitere Spezialität, die außer in Cornwall auch in der Nachbargrafschaft Devon hergestellt wird, ist die *Clotted Cream*. Dabei handelt es sich um eine sehr dicke, butterige Sahne, deren Fettgehalt 55–60 Prozent beträgt. Sieht man irgendwo ein Schild mit der Aufschrift „Cream Teas", sollte man sofort einkehren, um sich diese Delikatesse auf der Zunge zergehen zu lassen. In kleinen Töpfchen serviert, ist sie neben Marmelade der klassische Begleiter zu süßen Brötchen wie *Scones* oder *Cornish Splits*. Werden zu diesem Gebäck *Clotted Cream* und dunkler Sirup gereicht, spricht man von „Thunder and Lightening".

Clotted Cream ist ein Regionalprodukt aus Südwestengland, wo ein mildes Klima herrscht und weitläufige Weideflächen für das Vieh einen hohen Milchertrag garantieren. Die Methode ihrer Herstellung hat sich seit vierhundert Jahren nicht verändert. Ende des 19. Jahrhunderts kam die dicke Sahne regelrecht in Mode, sodass man sie in kleine Gläser füllte und landesweit verschickte. Auch heutzutage wird *Clotted Cream* per Post und sogar bis nach Australien versendet. Dort, wo die Kühe reichlich Milch geben, erstrecken sich auch ausgedehnte Obstplanta-

gen, die Jahr für Jahr reiche Ernte liefern. Cornwall ist von alters her berühmt für die vielen Apfelsorten, die hier gedeihen. Neben Dessert- und Kochäpfeln gehören dazu die so genannten Mostäpfel, aus denen der äußerst schmackhafte herbe *Cider* hergestellt wird. Einst gab es allein fünfzig verschiedene Sorten von Mostäpfeln, die so schöne Namen wie „Sweet Hoarny Morning“ oder „Whimple Honeydrop“ tragen. Sie sind kleiner als die anderen Äpfel, bittersüß und haben einen hohen Säuregehalt, der dem Apfelwein ein besonderes Aroma verleiht. Früher stellten viele Bauernhöfe ihren eigenen *Cider* her, während heute – neben einigen wenigen Farmen – Mostfabriken die Hauptproduzenten sind. Gemostet wird nach der Ernte von September bis Weihnachten. Während dieser Zeit passiert es gar nicht selten, dass einem in der Nähe eines Betriebes oder Farmhauses plötzlich der schwere, ja fast betäubende Duft der gepressten Äpfel in die Nase steigt.

Auch Eiscreme aus frischer Milch gehört zu den Spezialitäten Cornwalls.

So wie Wein vergorener Traubensaft ist, ist *Cider* vergorener Apfelsaft. Das Fruchtfleisch wird zerkleinert und wandert dann in die Mostpresse. Der ausgepresste Saft kommt in Fässer, in denen er mindestens drei Wochen gärt. Wie auch anderer Wein „arbeitet“ der *Cider* in dieser Zeit, er summt und gluckert oder, wie der englische Bauer sagt: „Er singt leise und süß.“ Der so entstandene Apfelwein wird gemischt und auf Flaschen gezogen. Das goldfarbene und leicht moussierende Getränk hat einen Alkoholgehalt von bis zu acht Prozent und sollte möglichst bald getrunken werden – sei es zu Hause, im Pub oder bei einem Picknick. Es eignet sich auch hervorragend zum Kochen und trägt zum unvergleichlichen Geschmack einiger der in diesem Buch enthaltenen Rezepte bei.

Ein weiteres Getränk mit langer Geschichte ist das *Cornish Mead*, ein Honigwein, der zu Unrecht etwas in Vergessenheit geraten ist. Aus Honig, Ingwer, Hefe und Gewürzen hergestellt, war er einst der traditionelle Trunk auf Hochzeitsfesten. Früher ergötzte sich das frisch verheiratete Paar noch einen ganzen Monat lang an dem angeblich aphrodisischen Getränk. Ob daher der Begriff „Honeymoon“ rührt, ist allerdings nicht gesichert.

Rezepte

Cornish Pasty

Cornische Pastete

Für den Teig:
450 g Weizenmehl
1 große Prise Salz
100 g Margarine
100 g Schweineschmalz
175 ml Wasser

Für die Füllung:
600 g Kartoffeln
250 g weiße oder gelbe Rüben
200 g Zwiebeln oder Schalotten
400 g zartes, mageres Rindfleisch
Salz, schwarzer Pfeffer

1. Das Mehl mit dem Salz in einer Schüssel vermischen. Die Margarine und das Schweineschmalz in kleinen Stücken untermengen. Dann das Wasser hinzufügen und das Ganze zu einem geschmeidigen Teig kneten. Den Teig zu einer Kugel formen und für 30 Minuten in den Kühlschrank stellen.
2. Die Kartoffeln und die Rüben schälen und in dünne Scheiben schneiden. Die Zwiebeln fein würfeln und das Rindfleisch in kleine Stücke schneiden.
3. Den gekühlten Teig in vier Stücke teilen und diese auf einer bemehlten Arbeitsfläche jeweils zu einem Kreis von etwa 23 cm Durchmesser ausrollen. Um eine kreisrunde Form zu erhalten, kann ein Teller zu Hilfe genommen werden, an dessen Rand entlang die Teigplatte ausgeschnitten wird.
4. Eine größere Menge Rüben und die Zwiebeln in der Mitte der Teigkreise verteilen. Mit Salz und Pfeffer würzen. Dann die Fleischstücke darüber geben und leicht salzen. Nun den größten Teil der Kartoffeln und die übrigen Rüben darauf verteilen und wiederum salzen. Die letzte Schicht bilden die restlichen Kartoffeln. Diese nicht mehr salzen, da der Teig einen leicht bitteren Geschmack annehmen könnte.
5. Nun eine Hälfte des Teigrands mit etwas Wasser befeuchten. Die beiden Hälften in der Mitte oder seitlich zusammenziehen und sorgfältig zwischen Daumen und Zeigefinger fest drücken. Sollte der Teig an einer Stelle auseinander brechen, kann das Loch mit einem befeuchteten Teigrest verschlossen werden. Mit einem Messer einen kleinen Schlitz in den Teig schneiden, durch den der beim Backen entstehende Dampf entweichen kann.
6. Die Pasties in Abständen von 5 cm auf ein eingefettetes Backblech legen. Nun mit Milch, Wasser oder verschlagenem Ei bepinseln.
7. Die Pasties zunächst 20 bis 30 Minuten bei 220 °C backen. Wenn sie dann eine schöne braune Farbe haben, den Backofen auf 160 °C runterschalten und weitere 20 Minuten backen. Schließlich den Ofen ausschalten und die Pasties 15 Minuten bei geschlossener Tür ruhen lassen.

Außer der klassischen Variante werden in Cornwall auch Pasties mit anderen Füllungen gebacken, die ebenso köstlich sind:

Vegetable Pasty

Pastete mit Gemüse

Für den Teig:
225 g Vollkornmehl
225 g Weizenmehl
Salz
200 g Margarine oder Butter
175 ml Wasser

Für die Füllung:
700 g Kartoffeln
300 g weiße oder gelbe Rüben
250 g Zwiebeln
50 g Butter
Salz, schwarzer Pfeffer

1. Aus den Zutaten wie beim zuvor beschriebenen Rezept einen Teig zubereiten.
2. Die Pasties mit Zwiebeln, Rüben, Kartoffeln und einigen Butterflöckchen schichtweise füllen. Alle Schichten bis auf die letzte nach Geschmack würzen. Die belegten Teigplatten verschließen.
3. Nun wie im vorherigen Rezept, jedoch etwa 10 Minuten kürzer, backen.

Cheese Pasty

Pastete mit Käse

Pastetenteig wie im Rezept „Cornish Pasty“

4 mittelgroße Zwiebeln
200 g weiße oder gelbe Rüben
Salz, Pfeffer
300 g Cheddar
6 mittelgroße Kartoffeln

1. Einen Pastetenteig zubereiten (siehe Seite 51).
2. Den gekühlten Teig in vier Stücke teilen und diese auf einer bemehlten Arbeitsfläche jeweils zu einem Kreis von etwa 20 cm Durchmesser ausrollen.
3. Die Zwiebeln schälen und in Ringe schneiden. Je eine Zwiebel auf einem Teigkreis verteilen. Die Rüben schälen, in Scheiben schneiden und auf die Zwiebeln legen. Mit Salz und Pfeffer würzen.
4. Den Cheddar reiben oder in Scheiben schneiden und darüber verteilen. Die Kartoffeln schälen und in Scheiben schneiden. Eine größere Menge auf den Käse legen und salzen. Mit einigen Kartoffelscheiben belegen. Die Teigtaschen verschließen.
5. Nun wie im Rezept „Cornish Pasty“ backen, wobei sich die Backzeit um etwa 15 Minuten verkürzt.

Tipp: Weitere Füllungen für Pasties: Schweinefleisch, Zwiebeln und Apfelscheiben; eine Mischung aus Rindfleisch und Rindernieren, mit Petersilie bestreut; Lauch und Butterflöckchen; Marmelade oder Kompott.

Pea Soup

Erbsensuppe

Das Rezept für diese Suppe, die mit der in England gern verwendeten Minze zubereitet wird, stammt aus dem Norden Cornwalls.

450 g getrocknete Erbsen
1 Möhre
1 Zwiebel
1 Speckstreifen
1 Lauchstange
1 Lorbeerblatt
1 Thymianzweig
1 Minzzweig
600 ml Milch
Salz, Pfeffer
Minze zum Garnieren
50 g Crème fraîche
Croutons

1. Die Erbsen über Nacht in kaltem Wasser einweichen.
2. Die Möhre schälen und in Scheiben schneiden. Die Zwiebel schälen und fein würfeln. Speck und Lauch in kleine Stücke schneiden.
3. Die eingeweichten Erbsen mit allen Zutaten außer der Milch, Salz und Pfeffer in einen großen Topf geben. Einen guten Liter Wasser hinzufügen und zum Kochen bringen. Dann bei reduzierter Hitze 2 Stunden köcheln lassen.
4. Den Inhalt des Topfes pürieren. Die Milch erhitzen und unterrühren. Mit Salz und Pfeffer würzen. Noch einmal erwärmen.
5. Die Suppe in Teller geben und mit gehackter Minze, Crème fraîche und Croutons garnieren.

Cornish Yeast Buns

Cornische Hefebrötchen

25 g Hefe
150 ml Milch
50 g Schweineschmalz
450 g Mehl
1 gestrichener TL Salz
50 g Zucker
100 g Rosinen

1. Die Hefe in etwas lauwarmer Milch auflösen.
2. Schweineschmalz in Flöckchen, Mehl, Salz und Zucker in eine Schüssel geben und vermischen.
3. Rosinen und die aufgelöste Hefe hinzufügen und mit lauwarmer Milch zu einem glatten Teig verarbeiten. An einem warmen Platz gehen lassen, bis sich sein Volumen verdoppelt hat.
4. Aus dem Teig kleine Brötchen formen. Auf ein gefettetes Backblech setzen und 15 Minuten gehen lassen. Im auf 200 °C vorgeheizten Ofen 20–25 Minuten backen.

Cornish Splits

Cornische Teebrötchen

Die delikaten Cornish Splits werden vor allem zum Afternoon Tea serviert. Man schneidet sie in der Mitte durch und füllt sie mit Clotted Cream und Marmelade.

650 g Weizenmehl
100 g Butter
25 g Schweineschmalz
25 g Hefe
1 TL Zucker
130 ml warmes Wasser
130 ml Milch

1. Hefe, Zucker und 1 Teelöffel Mehl in eine Schüssel geben. Das warme Wasser darüber gießen, gut verrühren und für 15 Minuten an einen warmen Ort stellen.
2. Das Mehl in eine große Schüssel geben. Die Milch leicht erwärmen. Die Butter und das Schmalz dazugeben und so lange rühren, bis sie sich aufgelöst haben.
3. In die Mitte des Mehls eine Mulde drücken. Die aufgelöste Hefe und die Milch mit dem Fett hineingießen und zu einem geschmeidigen Teig verkneten. Zum Aufgehen den Teig für 1 ½ Stunden an einen warmen Ort stellen.
4. Nun den Teig etwa 4 Minuten lang kneten und dann 1 cm dick ausrollen. In Stücke schneiden und diese zu kleinen Kugeln in der Größe einer Mandarine formen.
5. Die Kugeln auf ein bemehltes Blech legen und im vorgeheizten Ofen bei 200 °C etwa 20 Minuten backen, bis sie goldbraun sind. Auskühlen lassen.

Cornish Saffron Cake

Cornischer Safrankuchen

1 Tütchen Safran
2 EL warmes Wasser
450 g Weizenmehl
1 ½ Päckchen Trockenhefe
90 g Zucker
1 TL Gewürze (Zimt, Muskat, Piment)
Salz
180 g Butter
180 g Trockenfrüchte und Nüsse (Rosinen und Mandeln, Datteln und Hasel- oder Walnüsse)
Saft von 1 Zitrone oder Orange
180 ml Milch

1. Den Safran mindestens 6 Stunden in dem warmen Wasser einweichen.
2. Mehl, Hefe, Zucker, Gewürze und 1 Prise Salz in eine große Schüssel geben und mit einem Schneebesen verrühren.
3. Die Butter in kleinen Stückchen dazugeben und den Teig krümelig kneten. Dann die Trockenfrüchte, die Nüsse und den Zitronen- bzw. Orangensaft unterrühren.
4. In die Mitte des Teigs eine Mulde drücken. Die Milch erhitzen, bis sie richtig warm ist. Zusammen mit dem aufgelösten Safran in die Mulde gießen und alles zu einem weichen Teig verarbeiten. Wenn nötig, noch etwas mehr warme Milch dazugeben.
5. Den Teig in eine gefettete Schüssel geben. Diese mit einem Geschirrtuch bedecken und für eine Stunde an einen warmen Ort stellen. Der Teig sollte sich etwa verdoppeln.
6. Dann den Teig einmal durchkneten und in eine rechteckige Form bringen. In eine gefettete Brotform geben und an einem warmen Ort nochmals 45 Minuten gehen lassen, bis der Teig über den Rand der Form ragt.
7. Den Backofen auf 190 °C vorheizen. Den Kuchen etwa 35–40 Minuten backen. Falls die Oberfläche zu braun wird, mit Alufolie abdecken. Auf einen Kuchenrost stürzen und abkühlen lassen.

Cinnamon Cake

Zimtkuchen

6 Eiweiß
230 g Zucker
230 g weiche Butter
220 g Mehl
1–1 ½ TL gemahlener Zimt

1. Die Eiweiß zu steifem Schnee schlagen. Unter ständigem leichtem Rühren zuerst den Zucker, dann die Butter und das gesiebte Mehl hinzufügen. Schließlich den Zimt unterrühren.
2. Den Teig in eine mit Butter eingefettete Kuchenform füllen und im auf 175 °C vorgeheizten Ofen etwa 45 Minuten backen.

Cherry Choclets

Cornish Cherry Choclets

Kekse mit Kirschen und Schokolade

160 g Margarine
60 g weiche Butter
230 g Zucker
2 EL Zuckersirup
450 g Mehl
1 EL Backpulver
150 g gehackte Schokolade
120 g gehackte kandierte Kirschen

1. In einer großen Schüssel Margarine, Butter, Zucker und Zuckersirup verrühren. Mehl und Backpulver dazusieben und Schokolade sowie kandierte Kirschen hinzufügen. Alles zu einem leicht krümeligen Teig verarbeiten.
2. Aus dem Teig etwa wallnussgroße Bällchen formen. Auf ein gefettetes Backblech legen und im auf 220 °C vorgeheizten Ofen etwa 8 Minuten backen, bis sie leicht braun sind.

Cornish Mead

Cornish Mead

Cornischer Honigwein

4,5 l Wasser
1350 g klarer Honig
50 g Ingwerwurzel
3 Rosmarinzweige
2 unbehandelte Zitronen
30 g Hefe

1. Das Wasser 30 Minuten kochen lassen. Dann den Honig hineinrühren und das Ganze eine weitere Stunde bei geringer Temperatur simmern lassen. Den dabei entstehenden Schaum mit einem Holzlöffel abschöpfen.
2. Die Ingwerwurzel schälen und zerstoßen. Mit dem Rosmarin in ein Baumwollsäckchen legen, verschließen und in das Honigwasser geben. Den Saft und die Schale der Zitronen ebenfalls hinzufügen.
3. Die Flüssigkeit abkühlen lassen, bis sie lauwarm ist. Die Hefe unter Rühren hinzugeben. In ein verschließbares Gefäß füllen, den Deckel auflegen und 5 Tage an einem warmen Ort stehen lassen. Dann das Baumwollsäckchen und die Zitronenschale entfernen und weitere sechs Tage ruhen lassen.
4. Das Met durch ein Baumwolltuch seihen und in Flaschen füllen. Die Korken zunächst nur lose auf den Hals setzen und erst nachdem kein Gas mehr freigesetzt wird fest eindrücken. Der Honigwein sollte vor dem Trinken etwa 2 Monate in den Flaschen lagern.

Clotted Cream

Clotted Cream

Dicke Sahne

Zugegeben, die Zubereitung dieser cornischen Spezialität ist etwas aufwändig, aber es lohnt sich. Falls es in Ihrer Nähe einen Bauernhof gibt, der frische Milch verkauft, umso besser!

Sehr frische Milch in eine große, flache Tonschüssel gießen und diese über Nacht (im Sommer) oder für 24 Stunden (wenn es kälter ist) stehen lassen. Dann die Milch ganz langsam erhitzen (sie darf auf keinen Fall kochen), bis sich am Rand ein fester Ring zu bilden beginnt. Die Schüssel vorsichtig vom Herd nehmen und über Nacht an einem kühlen Ort stehen lassen. Nach dieser Ruhezeit hat sich auf der Oberfläche eine Cremeschicht gebildet, die nun mit einem großen Löffel oder Pfannenheber abgeschöpft werden kann.

MARINA
75
WILLIAM HARVEY

Fish & Seafood

„Am Ende des Strands führte ein Weg bergauf, und bald hatte sie sich in einem Gewirr schmaler Straßen verlaufen, die sich zwischen alten, sonnenverblichenen Häusern wanden. Sie stieß auf Steinstufen und unvermutete Gassen und folgte ihnen, bis sie plötzlich um eine Ecke bog und direkt am Hafen war. Im flirrenden Sonnenschein sah sie die bunt gestrichenen Boote, das pfauengrüne Wasser. Möwen kreisten kreischend über ihr … Überall regte sich Leben; ein regelrechter Frühjahrsputz war im Gange. Ladenfronten wurden weiß getüncht, Fenster geputzt, Taue aufgerollt, Decks geschrubbt, Netze geflickt."

aus: R. Pilcher, Sommer am Meer

In den cornischen Häfen

Die malerischen Fischerdörfer und großen Häfen der „cornischen Riviera“ erinnern nicht nur in den Sommermonaten an das Mittelmeer. Hübsche, mit Blumen geschmückte Häuser wechseln sich ab mit alten windschiefen Katen in holprigen Gassen, bunte Fischerboote liegen dicht an dicht an der Kaimauer.

Natürlich trägt auch das touristische Treiben in den bekannteren Küstenorten wie Polperro oder Looe zu diesem südländischen Flair bei. Und, nicht zu vergessen, die mediterrane Vegetation, die Cornwall dem milden Golfstromklima verdankt. Doch hinzu kommt, dass die cornischen Häfen im Gegensatz zu vielen anderen in England noch immer von regem Alltagsleben erfüllt sind. Überall findet man Fischmärkte, auf denen lautstark die fangfrische Ware feilgeboten wird. In den kleinen Geschäften entlang dem Kai machen auch die Einheimischen ihre Einkäufe, und die gern besuchten Lokale preisen auf Tafeln die Gerichte des Tages an.

Aus den großen Häfen wie Newlyn fahren heute moderne Trawler bis weit in den nördlichen Atlantik und kehren mit reicher Beute zurück, von der ein Großteil gleich nach London weitertransportiert wird. In den küstennahen Gewässern werden vor allem Seezunge, Scholle, Seebarsch und Heilbutt gefangen. Krustentiere wie Hummer und Krebse sowie Muscheln und Austern gehören ebenfalls zum vielfältigen Angebot der lokalen Geschäfte und Restaurants.

Vor über hundert Jahren hatte der Fischfang in Cornwall eine zusätzliche Attraktion vorzuweisen. Riesige Schwärme von Sardinen, die *Pilchards*, waren nicht nur das Hauptnahrungsmittel der Küstenbewohner, sondern verhalfen ihnen auch zu bescheidenem Wohlstand, weil die Fische als eingesalzene Delikatesse sogar bis in die Mittelmeerländer exportiert wurden. In den Sommermonaten stand damals auf den Klippen jedes Dorfes ein Späher und alarmierte die Fischer, sobald er die Sardinenschwärme sichtete. Wenn die Boote zurückkehrten, wurden sie erwartungsvoll begrüßt, denn nun begann für viele Familien ein wahrer Festschmaus. Der Geruch der frischen Fische erfüllte die Straßen, und selbst der Branntweinschmuggel, eine beliebte Nebenbeschäftigung in den Häfen,

Viele der handgemalten Gasthausschilder in Cornwall tragen Motive aus der ruhmreichen Seefahrtsgeschichte.

wurde für eine Weile vernachlässigt. Eine typisch cornische Spezialität aus jener Zeit, die etwas seltsam anmutet, ist übrigens der *Star-gazy Pie.* Dabei handelt es sich um eine Pastete mit Sardinen, deren Köpfe aus Schlitzen im Teigdeckel hervorlugen.
In den achtziger Jahren des 19. Jahrhunderts blieben jedoch die großen Schwärme plötzlich aus, und die Küstenfischerei wurde beschwerlicher. Doch in der südwestlichsten Grafschaft Englands, die an drei Seiten von Wasser umgeben ist, wurde und wird der gesamte Lebensrhythmus so sehr vom Meer bestimmt, dass der Verlust der Sardinenschwärme nur neue Kreativität freisetzte. Ob der Schiffsbau in der großen Bucht von Falmouth, die berühmten internationalen Regatten der Sportsegler, die zahllosen großen und kleinen Motorschiffe für touristische Ausflüge, Tauchfahrten und Hochseeangeln – für den Broterwerb wie für die Freizeitgestaltung bietet die See zahlreiche Möglichkeiten.
Zweifellos kommt der Feinschmecker in Cornwall heutzutage nach wie vor auf seine Kosten. In den Schaufenstern und The-

Miesmuscheln, Herzmuscheln, Wellhornschnecken oder Krebsfleisch – in diesem Restaurant kann der Seafood-Liebhaber schwelgen.

ken der Händler liegen Fische von bester Qualität hübsch dekoriert auf Eis, und gar nicht so selten warten Hummer mit zusammengebundenen Scheren auf ihre Käufer. Lachs wird ebenfalls vielfach angeboten; er stammt zumeist aus Schottland und ist für seinen hervorragenden Geschmack berühmt.
Auch die Zahl der Austern- und Muschelbänke ist in den vergangenen Jahren gestiegen, und Abnehmer für die Schalentiere gibt es nicht nur in Cornwall. Seafood hat heute in vielen Küchen Europas Hochkonjunktur und wird weltweit immer begehrter.
Natürlich bleiben die berühmten *Fish & Chips* für Einheimische und Touristen der Fastfood-Favorit. Dieses einfache Gericht aus gebackenem Fisch und Pommes frites ist aus dem englischen Alltag einfach nicht mehr wegzudenken. *Fish & Chips*-Läden schossen im 18. Jahrhundert wie die Pilze aus dem Boden, da man damals im Zuge der industriellen Revolution für die Arbeiter ein schnelles, aber auch nahrhaftes Essen brauchte. Dem Duft von gebratenem Fisch, der den oft spartanisch eingerichteten Geschäften entströmt, wird kaum jemand widerstehen können. Traditionell wurde die Speise, wenn man sie nicht gleich aß, in Zeitungspapier gepackt, sodass man während des Verzehrs gleich die Nachrichten vom Vortag studieren konnte. Die Pommes frites und der Bratfisch werden übrigens mit Essig beträufelt, was merkwürdig klingen mag, aber durchaus einmal probiert werden sollte. Verpönt sind dagegen Ketchup oder Mayonnaise, die den ursprünglichen Geschmack nur verfälschen. Heutzutage erhält der hungrige Kunde die Köstlichkeit in einer Tüte oder Pappschale. Wer sie unter freiem Himmel genießt, mit Blick auf den Hafen, sollte allerdings Acht geben, denn von dem Duft fühlen sich auch die gierigen Möwen angezogen. Wie es heißt, hat schon so mancher nach einer überstandenen Attacke beschlossen, beim nächsten Mal lieber ein Fischrestaurant aufzusuchen.
Den Besuch dort sollte man sich jedoch für den Abend vorbehalten, jedenfalls wenn man eine gute Adresse gefunden hat, wo dem Gast anspruchsvolle Fisch- und Seafoodgerichte serviert werden. Dazu gehören gebackene oder sanft gedünstete Fische mit besonderen Saucen ebenso wie Jakobsmuscheln, Austern oder Krebse nach Rezepten, in denen sich die ganze geschmackliche Vielfalt des alten Commonwealth wiederfindet. So gehören zum Beispiel Curry oder Safran zu den gerne verwendeten exotischen Ingredienzen. Selbst in kleinen Orten gibt es Restaurants, deren „Chefs“ kulinarisch experimentie-

Fresh Fish
Potted
Mussels
Cockles
Whelks
Crab Sticks
Sweet cured Herrings

CADGWITH COVE INN
FH324
FH 529
FH668

ren, ohne die Traditionen der lokalen Küche aus dem Auge zu verlieren. Gute Weißweine zum Fisch sind fast überall eine Selbstverständlichkeit, und hin und wieder findet man darunter sogar recht respektable britische Weine.

Zweifellos hat Cornwall während der vergangenen hundert Jahre in punkto Lebensstil und Geschmack erheblich davon profitiert, dass die feine Londoner Gesellschaft sich hier in großen Sommerhäusern niederließ. Der Ritzverwöhnte Adlige mochte auch in Penzance oder St. Ives nicht auf seine veredelte Fischsuppe oder raffinierte Hummerrezepte verzichten, und so mussten sich die cornischen Köche schon etwas einfallen lassen, wenn die Herrschaften einmal ihr Restaurant besuchten, zumal die meisten Herrenhäuser reichlich über eigenes Küchenpersonal verfügten.

Ohne überhaupt den Versuch unternehmen zu wollen, einen Überblick über cornische Fischrestaurants zu geben, darf zumindest eine herausragende, in ganz England bekannte Adresse nicht unerwähnt bleiben: das „Seafood Restaurant" in Padstow. In der Küche zaubert Maître Rick Stein aus der fangfrischen Ware unvergessliche Gerichte, die zum Teil französisch oder mediterran inspiriert sind. Wem es nicht gelingt, rechtzeitig einen Tisch zu reservieren, der kann in einem dem Lokal angeschlossenen Delikatessengeschäft lukullischen Genüssen frönen.

Bis heute gilt aber auch in Cornwall, was für die Suche nach Fischspezialitäten in aller Welt zutrifft: Nur wer neugierig auch kleine Restaurants ausprobiert, wird mit innovativen und überaus köstlichen Fisch- und Seafoodgerichten belohnt.

Täglich laufen in den kleinen Häfen Boote mit Fischen und Krustentieren ein.

Rezepte

Fillets of Sole with Shrimps

Seezungenrouladen mit Krabben

4 Seezungenfilets (à 150 g)
Zitronensaft
Salz
frisch gemahlener Pfeffer
100 g Krabben
1 EL Semmelbrösel
1 EL Crème fraîche
½ Bund Schnittlauch
1 EL Butter
1 Schalotte
1 Tütchen Safran
4 EL weißer Portwein
200 ml Sahne

1. Die Seezungenfilets waschen und mit Küchenpapier trocken tupfen. Mit Zitronensaft beträufeln, salzen und pfeffern.
2. Die Krabben mit Semmelbröseln und Crème fraîche im Mixer pürieren. Den Schnittlauch in feine Röllchen schneiden und untermischen. Mit Salz und Pfeffer abschmecken.
3. Die Fischfilets mit der Krabbenfarce bestreichen, aufrollen und eventuell mit Holzstäbchen zusammenstecken.
4. Die Butter in einer hohen Pfanne zerlassen. Die Schalotte in feine Würfel hacken und in der Butter andünsten. Den Safran darüber streuen und kurz anschwitzen. Mit Portwein ablöschen und einmal aufkochen lassen. Die Sahne hinzugießen und etwa 2 Minuten kochen.
5. Die Fischrouladen in die Sauce legen. Zugedeckt etwa 7 Minuten bei schwacher Hitze garen. Als Beilage können Kartoffeln und Möhren- oder Bohnengemüse gereicht werden.

Cornish Lobster Thermidor

Cornischer Hummer Thermidor

1 Zitrone
1 EL Salz
2 große (oder 4 kleine) Hummer
200 g frische Champignons
60 g Butter
Salz
100 ml trockener Weißwein
3 EL Mehl
2 TL Dijonsenf
2 TL gehackter Estragon
Cayennepfeffer
1 EL trockener Sherry
100 g Crème fraîche
weißer Pfeffer
frisch geriebener Parmesankäse

1. Die Zitrone auspressen, 2 Esslöffel Saft in einen Hummertopf geben und mit Wasser auffüllen. Das Wasser salzen und zum Kochen bringen. Die Hummer kalt abspülen, in den Topf geben, mit einem Deckel verschließen und etwa 5 Minuten lang kochen.
2. Die gekochten Hummer zum Abkühlen in eine große Schüssel geben. Dann über der Schüssel auseinander brechen, um die Flüssigkeit aufzufangen. Die Hummer halbieren und die Köpfe abtrennen. Das Fleisch aus den Schwänzen lösen und in Würfel schneiden. Die Scheren aufbrechen, das Fleisch entfernen und ebenfalls würfeln.
3. Das Hummerfleisch in 1 Teelöffel Butter 1 Minute anbraten. In eine Schüssel geben.
4. Die Schalen der Schwänze abspülen und in eine leicht ausgebutterte Backform geben.
5. Den Hummersaft in einen kleinen Topf gießen und bei großer Hitze so lange kochen, bis er sich auf die Menge einer halben Tasse reduziert hat.
6. In der Zwischenzeit die Champignons putzen und in Scheiben schneiden. In einer Pfanne mit je 1 Teelöffel Butter und Zitronensaft sowie Salz bei niedriger Hitze etwa 5 Minuten dünsten.
7. Nun die Kochflüssigkeit von den Pilzen abgießen und mit dem eingekochten Hummersaft vermischen. Falls die Flüssigkeit weniger als eine Tasse ergibt, etwas Weißwein hinzufügen. Die Champignons zu dem Hummerfleisch geben.
8. Die übrige Butter in einem Topf bei mittlerer Hitze schmelzen. Dann das Mehl einrühren und 1 Minute kochen. Die Flüssigkeit hinzufügen und weitere 3 Minuten kochen. Nun Senf, Estragon, Cayennepfeffer, Sherry und Crème fraîche dazugeben. Mit weißem Pfeffer abschmecken.
9. Zwei Drittel der Sauce vorsichtig mit dem Hummerfleisch und den Champignons vermengen. Die Mischung in die Schalen füllen, die übrige Sauce darüber gießen und mit Parmesankäse bestreuen.
10. Den Backofen auf 180 °C vorheizen. Die gefüllten Hummerschalen etwa 10 Minuten backen, bis die Oberfläche leicht angebräunt ist.

Fillets of Cod in Curry Sauce

Kabeljaufilet in Currysauce

4 Kabeljaufilets (à 200 g)
400 g Kartoffeln
750 g Möhren
Salz
1 kleine Zwiebel
5 EL Butter
1 EL Curry
250 ml Fischfond
250 ml Sahne
frisch gemahlener Pfeffer
Zitronensaft
4 EL Mehl
2 EL Butterschmalz
1 Bund Schnittlauch

1. Die Kartoffeln etwa 20 Minuten kochen und pellen. Die Möhren schälen und in ½ cm dicke Scheiben schneiden. In kochendem Salzwasser etwa 8 Minuten garen. Unter kaltem Wasser abschrecken und abtropfen lassen.
2. Für die Sauce die Zwiebel schälen, fein würfeln und in 2 Esslöffel Butter glasig dünsten. Den Curry darüber streuen und kurz anschwitzen. Den Fischfond und die Sahne dazugießen. Etwas einkochen lassen und mit Salz, Pfeffer und Zitronensaft abschmecken.
3. Die Fischfilets salzen, pfeffern und in Mehl wenden. In dem Butterschmalz etwa 8 Minuten auf beiden Seiten braten.
4. Die Möhren in 1 Esslöffel Butter erhitzen. Mit Salz und Pfeffer würzen. Die Kartoffeln vierteln und in der übrigen Butter leicht anbräunen. Salzen und pfeffern.
5. Den Fisch mit der Currysauce, den Möhren und den Kartoffeln auf Tellern anrichten. Den Schnittlauch waschen, in kleine Röllchen schneiden und über die Möhren streuen.

Sea Bass

Sea Bass with Saffron Sauce and Spinach Mousse

Seebarsch mit Safransauce und Spinatmousse

4 Seebarschfilets (à 200 g)
4 Tomaten
Saft von 1 Zitrone

Für die Spinatmousse:
170 g Spinat (nach dem Putzen gewogen)
1 Ei
1 Eigelb
Salz, schwarzer Pfeffer
Muskatnuss

Für die Sauce:
1 Tütchen Safran
150 ml trockener, säurearmer Weißwein
300 ml Fischfond
1 Schalotte
150 g Crème fraîche
Salz
schwarzer Pfeffer
evtl. Speisestärke

1. Die Fischfilets waschen und mit Küchenpapier abtupfen.
2. Die kreuzweise eingeschnittenen Tomaten mit heißem Wasser überbrühen, häuten, die Kerne entfernen und die Tomaten in kleine Würfel schneiden. Beiseite stellen.
3. Den Spinat in kochendem Wasser blanchieren. Unter kaltem Wasser abschrecken, abtropfen lassen und die verbliebene Flüssigkeit ausdrücken. Dann den Spinat fein hacken.
4. Das Ei und das Eigelb verquirlen. Unter den Spinat rühren und kräftig mit Salz, Pfeffer und geriebener Muskatnuss würzen. In vier mit Butter eingefettete Förmchen füllen und im auf 160 °C vorgeheizten Ofen im Wasserbad 30 Minuten backen. Bis zum Servieren warm halten.
5. Den Safran mit etwas heißem Wasser übergießen und 10 Minuten ziehen lassen. Währenddessen den Wein, Fischfond und die fein gehackte Schalotte in einem Topf erhitzen und etwa auf die Hälfte einkochen lassen. Dann die Crème fraîche einrühren und durch ein Sieb gießen. Die aufgefangenen Schalottenwürfel beiseite stellen. Den Safran mit dem Wasser dazugeben und mit Salz und Pfeffer abschmecken. Damit die Sauce nicht zu flüssig wird, eventuell mit etwas Speisestärke andicken.
6. Die Fischfilets nebeneinander in eine flache feuerfeste Form legen. Salzen und mit Zitronensaft beträufeln. Mit eingefettetem Butterbrotpapier bedecken und bei 200 °C etwa 10 Minuten backen.
7. Die Sauce noch einmal leicht erwärmen (sie darf nicht kochen). Auf vier vorgewärmte Teller geben. Die Fischfilets darauf legen und mit den Schalottenwürfeln garnieren. Die Spinatmousse aus den Förmchen stürzen und neben den Fisch setzen. Zu beiden Seiten jeweils die Tomatenwürfel anrichten.

Tipp: Dieses Gericht kann auch mit Kabeljau, Schellfisch oder Rotbarsch zubereitet werden.

Fish and Chips

800 g Fischfilet
(Seezunge, Schellfisch, Kabeljau oder Scholle)
Mehl
Salz
frisch gemahlener Pfeffer
900 g Kartoffeln
Öl zum Frittieren

Für den Ausbackteig:
100 g Weizenmehl
80 g Speisestärke
1 Ei
250 ml Wasser
Salz, gemahlener Pfeffer

1 unbehandelte Zitrone
Petersilie

1. Für den Ausbackteig das Mehl und die Speisestärke in eine Schüssel sieben. Das Ei trennen. Das Eigelb mit dem Wasser verquirlen und unter die Mehlmischung geben. Zu einem glatten Teig verrühren. Mit Salz und Pfeffer würzen. Das Eiweiß zu Schnee schlagen und unter den Teig ziehen.
2. Die Kartoffeln schälen, in Stäbchen schneiden und mit Küchenpapier abtupfen.
3. Das Fischfilet gründlich waschen und in vier gleich große Stücke teilen. Das Mehl mit Salz und Pfeffer vermischen und die Fischfilets darin wenden.
4. Das Öl in einer Fritteuse oder einem gusseisernen Topf auf 150 °C erhitzen. Die Kartoffelstäbchen (evtl. in zwei Portionen) etwa 5 Minuten frittieren. Sie sollten fast gar und noch hell sein. Dann herausnehmen, abtropfen lassen und warm halten.
5. Das Öl in der Fritteuse auf 170 °C erhitzen. Die Filets durch den Ausbackteig ziehen und etwa 2 Minuten frittieren. Herausnehmen und abtropfen lassen.
6. Nun die Friteuse auf 190 °C stellen. Die Kartoffelstäbchen und die Fischfielts noch einmal etwa 2 Minuten lang backen, bis sie goldbraun sind. Auf Küchenpapier abtropfen lassen.
7. Auf vier Tellern verteilen und mit Zitronenscheiben und Petersilie garnieren.

Tipp: Nach Geschmack die Pommes frites mit etwas Essig beträufeln.

Garlic Sardines

Pan-fried Garlic Sardines

Gebratene Sardinen mit Knoblauch

8 frische Sardinen
2 EL Olivenöl
4 Knoblauchzehen
Salz
frisch gemahlener schwarzer Pfeffer
fein abgeriebene Schale von 2 Zitronen
2 EL gehackte Petersilie

Für das Tomaten-Brot:
2 große Fleischtomaten
8 Scheiben Weiß- oder Graubrot

1. Die Sardinen außen und innen unter fließendem kaltem Wasser waschen und mit Küchenpapier trocken tupfen.
2. Das Olivenöl in einer Pfanne erhitzen. Die geschälten Knoblauchzehen bei mittlerer Hitze dünsten, bis sie weich sind. Dann herausnehmen und beiseite stellen. Die Sardinen von beiden Seiten 4–5 Minuten in dem Öl anbraten. Mit Salz und Pfeffer würzen und mit der Zitronenschale und Petersilie bestreuen.
3. Die kreuzweise eingeschnittenen Tomaten mit heißem Wasser überbrühen, häuten und in Scheiben schneiden. Die Brotscheiben toasten und mit Tomatenscheiben belegen. Je eine Sardine darauf legen und mit hauchdünnen Knoblauchscheiben garnieren.

Stuffed Sardines

Stuffed Sardines

Gefüllte Sardinen

8 frische Sardinen
4 EL Olivenöl
75 g Semmelbrösel
50 g Sultaninen
50 g Pinienkerne
50 g Anchovis aus der Dose, abgetropft
1 Zwiebel
4 EL gehackte Petersilie
Salz, frisch gemahlener schwarzer Pfeffer
1 Zitrone

1. Die Sardinen außen und innen unter fließendem kaltem Wasser waschen und mit Küchenpapier trocken tupfen.
2. Ein Teil des Öls in einer Pfanne erhitzen und die Semmelbrösel darin unter Rühren anrösten, bis sie goldbraun sind. Dann Sultaninen, Pinienkerne, Anchovis, die fein gehackte Zwiebel und die Petersilie hinzufügen. Mit Salz und Pfeffer abschmecken.
3. Die Mischung in die Sardinen füllen. Eventuell mit Hilfe von Rouladennadeln verschließen. Die Fische nebeneinander in eine feuerfeste Form legen. Die verbliebene Füllung darüber verteilen und mit Olivenöl besprenkeln.
4. Im auf 200 °C vorgeheizten Ofen etwa 30 Minuten backen. Mit Zitronenvierteln und Baguette servieren.

Halibut in Cider

Heilbutt in Cider (Foto rechts)

4 dicke Scheiben Heilbutt
200 g Zwiebeln
2 EL Olivenöl
1 Knoblauchzehe
600 ml trockener Cider
Salz
frisch gemahlener Pfeffer
2 unbehandelte Zitronen
450 g Tomaten
½ Bund glatte Petersilie
Butter

1. Die Zwiebeln schälen, würfeln und in dem Olivenöl andünsten, bis sie hellbraun sind. Die zerdrückte Knoblauchzehe hinzugeben und kurze Zeit mitdünsten. Den Cider zugießen und mit Salz und Pfeffer abschmecken.
2. Die Heilbuttscheiben abspülen, trocken tupfen und in eine eingefettete feuerfeste Form legen. Würzen und mit dem Saft einer Zitrone beträufeln. Die andere Zitrone in dünne Scheiben schneiden und auf den Fisch legen. Den Cider mit den Zwiebeln darüber gießen.
3. Die kreuzweise eingeschnittenen Tomaten mit heißem Wasser überbrühen, häuten und in kleine Stücke schneiden. Die Tomatenstücke und die gehackte Petersilie neben den Fisch geben und alles mit Butterflöckchen belegen.
4. Den Backofen auf 180 °C vorheizen und den Fisch etwa 20 Minuten backen. Heiß servieren.

Tipp: Statt Heilbuttscheiben können auch Filets verwendet werden. Dann reduziert sich die Backzeit auf 10 Minuten.

Salmon with Lemon Dill Sauce

Lachs mit Zitronen-Dill-Sauce

250 g Räucherlachs in dünnen Scheiben
3 Eigelb
1 EL Dijonsenf
Salz
frisch gemahlener schwarzer Pfeffer
Saft von 2 Zitronen
2 EL Sonnenblumenöl
1 Schalotte
2–3 Bund Dill

1. Die Eigelb mit dem Senf in einer Schüssel verrühren. Salzen, pfeffern und den Zitronensaft hinzugeben. Mit einem Schneebesen oder Mixer verschlagen, dabei das Öl langsam einfließen lassen.
2. Die Schalotte und den Dill fein hacken und unter die Sauce heben. Nochmals abschmecken.
3. Die Lachsscheiben auf vier Tellern verteilen und mit der Sauce übergießen. Dazu Baguette reichen.

Salmon

Salmon with Watercress Sauce

Pochierter Lachs mit Brunnenkressesauce

4 Lachskoteletts (à 200 g)
2 Möhren
1 Petersilienwurzel (ca. 80 g)
1 Stange Staudensellerie
1 Stange Lauch
½ Bund Petersilie
½ unbehandelte Zitrone
1 Zwiebel
1 Knoblauchzehe
1 Lorbeerblatt
5 weiße Pfefferkörner
5 Wacholderbeeren
250 ml Wasser
250 ml trockener Weißwein
frisch gemahlener weißer Pfeffer
100 g Brunnenkresse
2 EL Crème fraîche
1 Prise geriebene Muskatnuss

1. Die Möhren und die Petersilienwurzel schälen und in kleine Würfel schneiden. Sellerie und Lauch putzen, unter fließendem kaltem Wasser waschen und in dünne Scheiben schneiden. Petersilie waschen, trocken tupfen und die Blättchen abzupfen. Die Zitrone heiß abspülen und in dünne Scheiben schneiden. Die Zwiebel und den Knoblauch schälen und halbieren.
2. Das Gemüse, Petersilienstengel, Zitronenscheiben, Zwiebel und Knoblauch, Lorbeerblatt, Pfefferkörner und Wacholderbeeren in einen großen Topf geben. Wasser und Wein dazugießen und zum Kochen bringen. Bei mittlerer Hitze zugedeckt 20 Minuten köcheln lassen. Dann den Sud durch ein Sieb gießen. Gemüse und Gewürze mit einem Kochlöffel ausdrücken und wegwerfen.
3. Den Sud wieder in den Topf gießen und salzen. Die Lachskoteletts abwaschen, mit Küchenpapier trocken tupfen und mit Salz und Pfeffer würzen. Den Sud wieder erhitzen, dann die Lachskoteletts hineingeben und bei schwacher Hitze etwa 10 Minuten pochieren. Dabei einmal wenden. Der Sud darf auf keinen Fall kochen, da sonst der Fisch trocken wird.
4. Die Brunnenkresse verlesen, gründlich in kaltem Wasser waschen und abtropfen lassen. Mit 2 Esslöffel Sud und den Petersilienblättchen im Mixer fein pürieren.

5. Die fertig gegarten Lachskoteletts mit einem Schaumlöffel aus dem Sud heben und im auf 50 °C vorgeheizten Backofen zugedeckt warm halten. Den Sud bei starker Hitze unter ständigem Rühren einkochen lassen, bis er dickflüssig ist. Die Crème fraîche und das Kräuterpüree einrühren. Mit Salz, Pfeffer und Muskat abschmecken. Die Sauce getrennt zu den Lachskoteletts servieren. Als Beilage können Kartoffeln gereicht werden.

Tipp: Statt Brunnenkresse kann für dieses Gericht auch Spinat verwendet werden.

Fish Pie

Fish Pie

Fischauflauf

12 mittelgroße rohe Kaisergranaten
250 g Fischfilet (Seezunge, Schellfisch oder Rotbarsch)
250 g Krebsfleisch
1 kg mittelgroße Kartoffeln
100 g weiche Butter
400 ml Milch
1 TL Salz
frisch gemahlener schwarzer Pfeffer
2 Zwiebeln
30 g Mehl
¼ Tasse Sahne
3 EL fein gehackte Petersilie
2 TL Anchovispaste
¼ TL getrockneter Fenchelsamen
1 Prise Cayennepfeffer
30 g eiskalte Butter

1. Die Kartoffeln schälen, vierteln und in Salzwasser gar kochen. Dann das Wasser abgießen. Den Topf mit den Kartoffeln auf der warmen Herdplatte rütteln, bis sie ganz trocken sind. Mit einem Stampfer zerdrücken. 60 g der weichen Butter und die Milch hinzugeben und zu einem glatten Püree verrühren. Falls nötig, etwas mehr Milch dazugeben. Mit Salz und schwarzem Pfeffer abschmecken und beiseite stellen.
2. Die Kaisergranaten schälen und ausnehmen. Dazu mit einem Messer den Rücken längs aufschneiden und den Darm herauslösen. Unter fließendem kaltem Wasser waschen und mit Küchenpapier trocken tupfen.
3. Die Zwiebeln schälen und in dünne Scheiben schneiden. In einer Pfanne 40 g Butter zerlassen. Die Zwiebeln hineingeben und unter Rühren so lange dünsten, bis sie glasig und weich sind. Das Mehl hineinrühren und die restliche Milch sowie die Sahne dazugießen. Unter ständigem Rühren mit einem Schneebesen bei starker Hitze kochen, bis die Sauce dick und glatt ist. Petersilie, Anchovispaste, Fenchelsamen und Pfeffer hinzugeben und rühren, bis die Anchovispaste aufgelöst ist.
4. Das Fischfilet in etwa 5 cm große Stücke schneiden und mit den Kaisergranaten und dem Krebsfleisch in die Sauce geben. Etwa 5 Minuten kochen und abschmecken. Den Fisch mit der Sauce in eine Auflaufform geben. Das Kartoffelpüree darauf verteilen und mit einem Spachtel glatt streichen. Mit den Zinken einer Gabel auf der Oberfläche ein Muster zeichnen und 30 g eiskalte Butter in Flöckchen darauf verteilen.
5. Die Auflaufform in den auf 200 °C vorgeheizten Ofen schieben und etwa 20 Minuten backen. Dann kurz unter den Grill stellen, damit die Kruste schön braun wird. Den Fischauflauf sofort in der Form servieren.

Mussels

Mussels in Herb Sauce

Miesmuscheln in Kräutersauce

1 kg Miesmuscheln
250 ml trockener Weißwein
1 Tütchen Safran
2 EL Butter
3 Schalotten
1 Knoblauchzehe
350 g Crème fraîche
2 EL Cognac
Worcestershire Sauce
Zitronensaft
1 TL gehackter Estragon
1 TL gehackter Kerbel
1 TL gehackte Petersilie
Petersilienzweige
1 unbehandelte Zitrone

1. Den Safran in 2 Esslöffel heißem Wasser auflösen und beiseite stellen.
2. Den Weißwein in einem großen Topf zum Kochen bringen, die Hitze reduzieren und 3 Minuten simmern lassen.
3. Die Muscheln gründlich waschen. Alle Muscheln, die beschädigt oder nicht fest geschlossen sind, wegwerfen. Dann die Muscheln in den Topf geben, den Deckel auflegen und etwa 4 Minuten dünsten. Währenddessen den Topf zwei-, dreimal schütteln, damit sich die Muscheln in dem Sud verteilen. Mit einem Schaumlöffel herausnehmen und in eine Schüssel geben. Alle ungeöffneten Muscheln wegwerfen. Die Muscheln aus den Schalen lösen und beiseite stellen.
4. Die Butter in einem kleinen Topf schmelzen. Schalotten und Knoblauch fein hacken und in der Butter dünsten. Sie dürfen nicht braun werden. Die Kochflüssigkeit von den Muscheln dazugeben und auf etwa 125 ml reduzieren.
5. Nun den Safran mit dem Wasser, die Crème fraîche, den Cognac, einige Spritzer Worcestershire Sauce sowie ein wenig Zitronensaft hinzufügen. Unter ständigem Rühren einmal aufkochen lassen. Dann die Hitze reduzieren und 10 Minuten köcheln lassen.
6. Die gehackten Kräuter hineingeben und einige Sekunden weiterköcheln lassen. Falls nötig, nochmals abschmecken.
7. Die Muscheln auf Tellern verteilen. Jeweils mit etwas Sauce übergießen. Mit Petersilie und Zitronenspalten garnieren und sofort servieren.

Seafood Soup

Fischsuppe

1 kg Miesmuscheln
500 ml Weißwein
3 Knoblauchzehen
Salz, frisch gemahlener Pfeffer
2 TL Butter
3 Schalotten
250 g Fischfilet (Wolfsbarsch, Rotbarbe)
250 g geschälte Garnelen
125 g Crème fraîche
2 TL gehackte Petersilie

1. Die Muscheln gründlich waschen und gegebenenfalls von den Bärten befreien. Alle Muscheln, die beschädigt oder nicht fest geschlossen sind, entfernen.
2. Die Muscheln mit dem Wein, den zerdrückten Knoblauchzehen, Salz und Pfeffer in einen großen Topf geben. Mit einem Deckel verschließen und zum Kochen bringen. Nach 3 bis 4 Minuten haben sich die Muscheln geöffnet. Alle ungeöffneten Muscheln wegwerfen. Die übrigen Muscheln in eine Schüssel geben, aus den Schalen lösen und warm halten. Die Muschelflüssigkeit zurück in den Topf geben. Eventuelle Schalen entfernen.

3. Die gesamte Kochflüssigkeit durch ein Haarsieb gießen und beiseite stellen.
4. Die Butter in einer Pfanne schmelzen. Die Schalotten fein hacken und bei mittlerer Hitze leicht andünsten. Das Fischfilet in schmale Streifen schneiden und mit den Garnelen in die Pfanne geben. 2 bis 3 Minuten unter Rühren erwärmen, mit einem Schaumlöffel herausheben und warm halten.
5. Die Kochflüssigkeit von den Muscheln in die Pfanne gießen und so lange aufkochen, bis sie sich leicht reduziert hat. Dann die Crème fraîche dazugeben und unter Rühren 1 Minute köcheln lassen. Vom Herd nehmen.
6. Die Muscheln, Garnelen und Fischstreifen in vier Suppentellern verteilen. Die Suppe darüber gießen und mit Petersilie bestreuen. Mit dunklem Brot servieren.

Oysters with Curry Sauce and Chicory

Austern mit Currysauce und Chicorée

16 Austern
250 ml trockener Weißwein
250 ml Wasser
200 g Crème fraîche
50 ml Sahne
1 TL Dijonsenf
20 ml trockener Wermut
Saft von 1 Zitrone
2 TL mildes Currypulver
Salz, frisch gemahlener Pfeffer
1 Chicorée

1. Die Austern mit einem Austernmesser öffnen. Das Fleisch vorsichtig herauslösen. Die Sehne, die das Fleisch mit der Schale verbindet, wegschneiden. Das Austernwasser auffangen und mit dem Wein und dem Wasser zum Kochen bringen. Das Austernfleisch darin etwa ½ Minute pochieren.
2. Crème fraîche, Sahne, Senf, Wermut, Zitronensaft und Curry in einer Schüssel verrühren. Mit Salz und Pfeffer abschmecken.
3. Die Blätter vom Chicorée ablösen, waschen und mit Küchenpapier trocken tupfen.
4. Die Chicoréeblätter auf einer großen Platte anrichten. Die Austern darauf legen und mit der Sauce überziehen.

Scallops with Leeks

Jakobsmuscheln mit Lauch

12 frische Jakobsmuscheln
8 Lauchstangen
50 g Butter
Salz
frisch gemahlener Pfeffer
2 Schalotten
150 ml trockener Weißwein
4 EL trockener Wermut
150 g Crème fraiche
½ Bund glatte Petersilie

1. Die Jakobsmuscheln öffnen. Dazu mit einem kurzen Messer zwischen den Schalenhälften entlangfahren. Dann eine Pfanne erhitzen und die Muscheln hineinlegen. Auf diese Weise öffnen sie sich vollständig. Die Muscheln auslösen und die dunklen Teile entfernen. Das weiße Fleisch, die so genannte Nuss, von der orangefarbenen Corail trennen. Gründlich abspülen. Die Nüsse halbieren und auf Küchenpapier abtropfen lassen.
2. Die Lauchstangen waschen und die grünen Teile abschneiden. Die übrigen Stangen längs in kleine Streifen (ungefähr 5 cm lang) schneiden. In einem Topf 25 g Butter schmelzen. Den Lauch, eine Prise Salz und 8 Esslöffel Wasser hinzugeben. Deckel auflegen und 20 Minuten dünsten. Warm halten.
3. In einem zweiten Topf die übrige Butter schmelzen und die Schalotten dünsten, bis sie weich sind. Den Wein, Wermut und die Muscheln mit den Corails hinzugeben. Zum Sieden bringen, dann auf niedrige Hitze stellen und höchstens 2 Minuten simmern lassen.
4. Den Lauch aus der Kochflüssigkeit schöpfen und in eine vorgewärmte Schale geben. Die Jakobsmuscheln darauf setzen. Die Kochflüssigkeit vom Lauch zur Muschelsauce geben und erhitzen, bis die Sauce auf eine Menge von etwa 8 Esslöffel eingekocht ist. Die Crème fraîche einrühren und kurz aufkochen. Mit Salz und Pfeffer würzen. Über die Jakobsmuscheln und den Lauch gießen. Mit gehackter Petersilie bestreuen.

Mussels with Hake

Muscheln mit Seehecht

4 Scheiben Seehecht (à 150 g)
40 Mies- oder Teppichmuscheln
1 Zweig Dill
1 Zweig Petersilie
1 Hand voll Kerbel
2 Knoblauchzehen
5 EL Olivenöl
2 EL Mehl
100 ml Weißwein
500 ml Fischfond
Salz
frisch gemahlener Pfeffer
40 g kalte Butter
1 Msp. frisch gemahlener Koriander
Zitronensaft

1. Dill, Petersilie und Kerbel waschen und die Blättchen abzupfen. Einige Kerbelblättchen beiseite legen. Die übrigen Kräuter fein hacken. Die Knoblauchzehen schälen und fein würfeln. Das Olivenöl erhitzen. Zuerst den Knoblauch kurz andünsten, dann die Kräuter hinzugeben und mit dem Mehl bestäuben. Mit Weißwein ablöschen. Den Fischfond dazugießen und aufkochen lassen.
2. Die Hechtscheiben mit Salz und Pfeffer würzen. In den Sud geben und bei geringer Hitze etwa 8 Minuten pochieren.
3. Die Muscheln kalt abwaschen. Alle Muscheln, die beschädigt oder nicht fest geschlossen sind, entfernen. Die übrigen 5 Minuten in dem Sud mitgaren. Dann den Fisch und die Muscheln herausnehmen. Die Muscheln aus den Schalen lösen und mit dem Fisch warm stellen.
4. Den Fischsud einkochen lassen. Die Butter in Flocken mit einem Schneebesen unterschlagen. Mit Salz, Pfeffer, Koriander und Zitronensaft abschmecken.
5. Die Hechtscheiben und die Muscheln auf vorgewärmten Tellern anrichten. Die Sauce darüber geben und mit Kerbelblättchen garnieren.

BAN
Little Bay of Caves
SINGLE
MALT
ORTANT PERSON

Afternoon Tea

„Später versammelten sich alle zum Tee, vielleicht auf der Terrasse oder vor dem Kaminfeuer im Wohnzimmer. Es gab heiße Hörnchen, auf denen die Butter und das Heidelbeergelee schmolzen; Schokoladentorte und Obstkuchen und ganz besonders Ingwerkekse, die sich Tuppy aus London schicken ließ. Dann spielten sie Karten, lasen die Sonntagszeitungen, und wenn Kinder da waren, wurde vorgelesen."

aus: R. Pilcher, Wechselspiel der Liebe

It's teatime

Unter den englischen Traditionen, die nicht nur die Jahrhunderte überdauert haben, sondern auch von London aus in die ganze weite Welt des Commonwealth weitergetragen wurden, nimmt der *Afternoon Tea* einen besonderen Stellenwert ein. Es ist nicht übertrieben, wenn man sagt, dass der Tee als Getränk den Tagesablauf des britischen Volkes bestimmt, und am Nachmittag gerät das Teetrinken geradezu zu einer kleinen Zeremonie, in der englische Lebensart zum Ausdruck kommt.

Im Jahr 1840 ersonnen von Anna, der 7. Herzogin von Bedford, diente der *Afternoon Tea* vor allem dazu, den kleinen Hunger zwischen Lunch und Dinner zu stillen und als unterhaltsame Zusammenkunft die Damen der feinen Gesellschaft zu erfreuen. Während die Herren in ihren Clubs über Politik und Wirtschaft redeten, suchten die Frauen andere Arten der Zerstreuung. Bis ins 19. Jahrhundert war vier Uhr die magische Zeit des Teetrinkens, erst zu Beginn des 20. Jahrhunderts verschob sich die *Teatime* um eine Stunde und wurde zum berühmten *Five o'clock tea*.

Der zu Hause zelebrierte *Afternoon Tea* löste die Zeit der Londoner *Tea Gardens* ab, die in der zweiten Hälfte des 18. Jahrhunderts entstanden waren. In diesen romantischen Gärten und Parks fanden sich Erholungssuchende aller Schichten ein, die gegen ein kleines Entgeld so viel Tee trinken durften, wie sie wollten. Dazu wurden Kuchen und Gebäck gegessen sowie Sandwiches. Diese feinen belegten Brote sollen zu jener Zeit vom 4. Earl of Sandwich erfunden worden sein, der sie am Spieltisch verzehrte, um das Spiel nicht unterbrechen zu müssen. Durch die Einrichtung der öffentlichen Teegärten avancierte das Teetrinken, zuvor der Oberschicht vorbehalten, nun zum Volksvergnügen.

Auch der heimische *Afternoon Tea* wird von den naturverbundenen Briten, wenn es das Wetter zulässt, gerne im Freien eingenommen. Wer heute an einem schönen Wochenende in die Gärten cornischer Häuser blickt, wird überall unter den Bäumen oder auf der Terrasse liebevoll gedeckte Teetische entdecken. Darauf stehen vielleicht ein *Apple Pie* oder ein *Fruit Cake*, ganz sicher aber *Scones* (Teebrötchen), Erdbeermarmelade und *Clotted Cream*, jene dicke, butterige Sahne, die zu den besonderen Spezialitäten Cornwalls zählt. In den Tee kommt natürlich

Der Wintergarten eines cornischen Landhauses. Sollte es einmal regnen oder draußen zu kühl sein, ist dies der ideale Ort für einen Afternoon Tea.

Milch, und zwar mehr, als sich der Kontinentaleuropäer überhaupt vorstellen kann, und Zucker nach Belieben.

Dabei gab es einmal eine Zeit, in der man in Cornwall demonstrativ auf Zucker im Tee verzichtete. Der beliebte Methodistenprediger John Wesley hatte seine cornischen Gemeinden zum Zuckerboykott aufgerufen, um auf diese Weise die Sklaverei auf den Antillen anzuprangern – und die unerschrocken gegen London auftretenden Individualisten bei Land's End machten begeistert mit.

Wer heute in einem der weltberühmten Londoner Grandhotels wie dem Ritz oder in einem der zu Luxusherbergen umgebauten Herrenhäuser seinen *Afternoon Tea* einnimmt, bekommt immer noch eine Ahnung, welchen zeremoniellen Glanz diese Nachmittagsstunde für die feine Gesellschaft besaß. Das edle Wedgewood-Service, silberne Kannen und Gebäckschalen, noble Kerzenleuchter, vornehme kleine Teetische – in stilvoller Atmosphäre wird der *Five o'clock tea* zur Krönung des Tages.

Nachdem die Herzogin von Bedford die Teestunde zu einer Zwischenmahlzeit aufgewertet hatte, entwickelten sich auch gewisse Regeln für den *Afternoon Tea*. Die Damen trugen so genannte *Tea Gowns*, elegante, aber zugleich bequeme Kleider, brachten kostbare Decken und Geschirr auf den Tisch und wetteiferten um die besten *Sponge Cakes* (Biskuitkuchen), die ausgefallensten Sandwiches und die feinsten *Shortbreads*.

B+B
SUPERB VIEWS
PRIVATE BATHROOMS
PARKING
Cafe
B&B
CLOSED

Traditionell wurde der Nachmittagstee auf den Landsitzen im Salon oder im Gartenhaus serviert. Betrachtet man Fotos aus dem cornischen Landleben der vergangenen hundert Jahre, taucht ein immer wieder gleiches Bild auf: in weißer Eleganz gekleidete Damen und Herren unter Palmen und Zedern vor imposanten *Manor Houses*, dazu im Hintergrund das strahlend blaue Meer – das war Cornwall zu Zeiten Queen Victorias, und das ist es zum Teil noch heute. Viele Hotels besitzen herrliche Gärten, in denen die Gäste bei Tee und Backwerk die wunderbare Aussicht genießen können, und auch die Bed & Breakfast-Wirtin wird es sich nicht nehmen lassen, dem Logierbesuch auf der Terrasse ihres Cottages „a nice cup of tea" zu servieren.

In diesem schmalen Haus in Marazion an der Südküste kann der Cafébesucher am Nachmittag köstliche Kuchen und Gebäck genießen.

Selbst wenn man seinen Tee in einem weniger vornehmen Ambiente einnimmt, kann man gewiss sein, dass er vorzüglich schmeckt. Denn die Briten sind Perfektionisten, wenn es um die Zubereitung dieses Getränks geht. In England bevorzugt man den fein-herben Tee aus Ceylon und die aromatischen indischen Sorten Assam und Darjeeling. Fast immer handelt es sich um *Blends*, also Teemischungen, die im eigenen Land hergestellt werden und eine gleich bleibende hohe Qualität garantieren. Auch der Earl Grey wird gerne getrunken, ein mit Bergamottöl aromatisierter Tee von blumig-herbem Geschmack.

Wie nun wird der Tee zubereitet? Man bringt in einem Kessel das Wasser zum Kochen. Währenddessen wird die Teekanne erwärmt: von innen mit heißem Wasser oder aber, so machen es die Puristen, die Kanne in heißes Wasser stellen, damit sie im Inneren trocken bleibt. Nun kommt pro Tasse ein Teelöffel Tee hinein und ein weiterer für die Kanne. Das Maß kann nach Geschmack erhöht werden, was sich auch dann empfiehlt, wenn das Wasser hart ist. Dann geht man mit der Kanne zum Kessel (nie umgekehrt) und gießt das leicht sprudelnde Wasser hinein. Deckel auflegen, fünf Minuten ziehen lassen und vor dem Einschenken einmal gut umrühren. Da die in England gebräuchlichen Teesorten recht stark sind, gibt man etwas Milch dazu, um den bitteren Geschmack des Tannins zu mildern. Bei der Milch scheiden sich die Geister in einer Frage: Gießt man sie vor dem Tee in die Tasse oder umgekehrt? In einem ist man sich allerdings einig: Die Milch sollte auf jeden Fall kalt sein, da sie sonst den Geschmack des Tees beeinträchtigen würde. Und natürlich muss der Tee lose sein; Beutel sind ebenso verpönt wie das Tee-Ei, in dem sich die Blätter nicht entfalten können.

Wie weit die Perfektionierung des Teetrinkens in England gehen kann, geht aus der amüsanten Anekdote eines gewissen Cecil Roth hervor. Nachdem er bei Baron Alfred De Rothschild zu Besuch auf dessen Schloss Seamore Place war, berichtete er: „Ein livrierter Diener schob einen riesigen Servierwagen in mein Zimmer und fragte: Wünschen Sie Tee oder einen Pfirsich? Ich wählte Tee. Darauf die zweite Frage: Chinesischen, indischen oder Ceylon-Tee? Ich entschloss mich für indischen, und er fragte weiter: Mit Zitrone, mit Sahne oder mit Milch, Sir? Ich wählte Milch, aber er wollte nun wissen von welcher Rinderrasse: Jersey, Hereford oder Shorthorn, Sir? Niemals habe ich besseren Tee getrunken."

Afternoon Tea

Rezepte

Scones

Scones

Teebrötchen

Zu Scones werden Butter oder leicht gesüßte Schlagsahne und Marmelade gereicht. In Cornwall gehört auf jeden Fall die berühmte Clotted Cream (siehe Seite 57) dazu.

250 g Mehl
2 TL Backpulver
Salz
2 TL Zucker
30 g kalte Butter
150 ml Milch

1. Mehl und Backpulver in eine Schüssel sieben. 1 Prise Salz und den Zucker hinzugeben.
2. Die Butter in Flöckchen mit dem Mehl vermischen. Nach und nach die Milch dazugießen und das Ganze zu einem Teig verkneten. Der Teig sollte glatt und fest sein, deshalb gegebenenfalls etwas Milch oder Mehl hinzugeben. 10 Minuten im Kühlschrank ruhen lassen.
3. Den Teig auf einer bemehlten Arbeitsfläche 2 cm dick ausrollen. Mit einem Glas Kreise von 5–8 cm Durchmesser ausstechen. Diese auf ein eingefettetes Backblech legen und 5 Minuten ruhen lassen. Dann im auf 220 °C vorgeheizten Ofen ungefähr 10 Minuten backen. Die Kreise sollten ihr Volumen etwa verdoppeln. (Das Vorheizen des Backofens ist für das Gelingen der Scones unbedingt notwendig.)
4. Auf einem Kuchenrost abkühlen lassen, aber noch warm servieren.

Tipp: In den Teig können auch 75 g Sultaninen gegeben werden.

Sandwiches

Sandwiches

Neben süßem Gebäck gehören zu einer englischen Teetafel auch herzhafte Sandwiches. Ein Sandwich besteht aus zwei frischen ungerösteten Toastbrotscheiben, die man mit der Füllung entweder diagonal oder in gut fingerbreite Streifen schneidet.
Was die Füllung betrifft, so sind der Fantasie keine Grenzen gesetzt: dünn geschnittene Gurken- oder Tomatenscheiben, Kresse, Käsecreme, geräucherter Lachs, Eier in Senf-Mayonnaise, geraspelter Cheddar, Krabbenpaste …

Shortbread

Shortbread

Sandgebäck

Shortbread ist das Nationalgebäck Schottlands, wo es zu Fest- und Feiertagen gebacken wird. Für den Geschmack ist die Butter wichtig; sie sollte daher nicht durch Margarine ersetzt werden.

125 g Mehl
25 g Speisestärke
75 g weiche Butter
50 g Zucker
Puderzucker zum Bestreuen

1. Das Mehl und die Speisestärke in eine Schüssel sieben und mit der Butter vermengen, bis die Mischung krümelig ist. Den Zucker dazugeben und gut verkneten.
2. Den Teig in eine gefettete Springform geben und die Oberfläche mit einer Gabel mehrmals einstechen. Bei 160 °C etwa 45 Minuten backen.
3. Das Shortbread ein paar Minuten abkühlen lassen und in Segmente schneiden. Dann in der Form auskühlen lassen und mit Puderzucker bestreuen.

Spongy Gingerbread

Spongy Gingerbread

Ingwerkuchen

225 g Mehl
½ TL Backpulver
½ TL Salz
½ TL gemahlener Ingwer
½ TL Zimt
60 g Zucker
170 g Butter
2 EL heller Sirup
1 Ei
100 g kandierter Ingwer
100 g Rosinen
20 g Mandelblättchen

1. Mehl und Backpulver in eine Schüssel sieben. Das Salz, Ingwerpulver, Zimt und Zucker untermischen.
2. Die Butter mit dem Sirup erhitzen. Etwas abkühlen lassen und das Ei unterrühren.
3. Den kandierten Ingwer fein hacken. Die Rosinen mit heißem Wasser abwaschen und sorgfältig abtrocknen. Ingwer und Rosinen zum Mehl geben. Dann die geschmolzene Butter mit Sirup und Ei unterrühren.
4. Eine Kastenform (30 cm lang) gut einfetten. Den Teig einfüllen und mit den Mandelblättchen bestreuen. Im auf 200 °C vorgeheizten Ofen etwa 60 Minuten backen. Nach der Hälfte der Backzeit mit Alufolie oder Butterbrotpapier abdecken.
5. Den Kuchen in der Form etwas abkühlen lassen und dann vorsichtig stürzen.

Dundee Cake

Dundee Cake

Schottischer Früchtekuchen

- 250 g Butter
- 225 g Zucker
- 250 g Mehl
- 5 Eier
- 125 g Korinthen
- 125 g Rosinen
- ¾ Tasse Zitronat
- 8 kandierte Kirschen
- 65 g gemahlene Mandeln
- 2 EL fein abgeriebene Orangenschale
- 1 Prise Salz
- 1 TL Backpulver
- 1 TL Milch
- 50 g blanchierte Mandeln, halbiert

1. Die Butter und den Zucker in einer Schüssel schaumig rühren. Immer abwechselnd 50 g Mehl und 1 Ei hinzugeben, bis das ganze Mehl und alle Eier untergerührt sind. Korinthen, Rosinen, Zitronat, kandierte Kirschen, Mandeln, Orangenschale und Salz hinzufügen und gut vermischen. Das Backpulver in der Milch auflösen und dazugeben.
2. Eine Springform von 20 cm Durchmesser mit Butter einfetten und mit Mehl ausstreuen. Den Teig in die Form geben. Die Oberfläche mit den halbierten Mandeln kreisförmig belegen. Damit der Kuchen nicht zu braun wird, mit Backpapier bedecken. In den auf 150 °C vorgeheizten Ofen schieben und etwa 1 ½ Stunden backen. Zur Probe ein Holzstäbchen in den Kuchen stecken; wenn kein Teig haften bleibt, ist der Kuchen fertig. 5 Minuten in der Form ruhen lassen, dann zum Auskühlen auf ein Kuchengitter setzen.

Tipp: Zum Dundee Cake passt besonders gut ein Rumparfait oder leicht angetautes Sahne-Trüffel-Eis.

Spice Cake with Fudge

Spice Cake with Fudge

Gewürzkuchen mit Zuckerguss

Für den Teig:
225 g Butter oder Margarine
225 g feiner brauner Zucker
4 Eier
70 g gemahlene Mandeln
225 g Mehl
1 TL Zimt
¾ TL gemahlene Nelken
½ TL Natron

Für den Guss:
75 ml Kondensmilch (10% Fett i. Tr.)
175 g Zucker
40 g Butter
¼ Fläschchen Vanillearoma
Walnusskerne, halbiert

1. Für den Teig Fett und Zucker schaumig rühren. Die Eier unterrühren. Mandeln, Mehl, die Gewürze und das Natron dazugeben und alles zu einem glatten Teig verrühren.
2. Eine Springform (24 cm Durchmesser) einfetten. Den Teig einfüllen und den Kuchen im auf 180 °C vorgeheizten Ofen etwa 75 Minuten backen. Falls die Oberfläche gegen Ende der Backzeit zu braun wird, mit Alufolie abdecken.

3. Den Kuchen aus dem Ofen nehmen und 10 Minuten in der Form auskühlen lassen. Dann aus der Form lösen und auf einem Kuchengitter ganz abkühlen lassen.
4. Nun wird der Guss zubereitet. Kondensmilch, Zucker und Butter in einem Topf bei geringer Hitze so lange rühren, bis sich der Zucker aufgelöst und der Guss eine tiefgoldene Farbe angenommen hat. Das dauert etwa 30 Minuten. Die Fudge-Masse vom Herd nehmen und das Vanillearoma unterrühren. So lange schlagen, bis die Masse leicht andickt. Nun sofort auf den Kuchen gießen und mit einem langen Messer verteilen und glatt streichen. Das muss sehr schnell gehen, weil der Fudge sonst zu fest wird. Die Oberfläche mit den halbierten Walnusskernen garnieren.

Apple Pie

Gedeckter Apfelkuchen

Für den Teig:
250 g Mehl
1 Msp. Backpulver
½ TL Salz
2 EL Zucker
1 Ei
60 g kalte Butter

Für die Füllung:
750 g säuerliche Äpfel
Saft und Schale von
½ unbehandelten Zitrone
3 EL Zucker
½ TL gemahlene Nelken
Puderzucker zum
Bestäuben

1. Das Mehl und das Backpulver in eine Schüssel sieben. Salz und Zucker unterrühren. Das Ei trennen. Das Eigelb, die Butter in Flöckchen und 3 Esslöffel kaltes Wasser dazugeben und alles zu einem glatten Teig verkneten. Zugedeckt im Kühlschrank 30 Minuten ruhen lassen.
2. Die Äpfel schälen, vierteln und das Kerngehäuse entfernen. Die Apfelviertel in dünne Scheiben schneiden und in eine Schüssel geben. Sofort mit dem Zitronensaft beträufeln. Mit der abgeriebenen Zitronenschale, dem Zucker und den gemahlenen Nelken vermischen.
3. Eine Pieform von 24 cm Durchmesser mit Butter einfetten. Zwei Drittel des Teigs auf einer bemehlten Arbeitsfläche ausrollen und die Form damit auslegen. Die Äpfel so darauf verteilen, dass außen ein 2 cm breiter Rand frei bleibt. Den Rand mit dem leicht geschlagenen Eiweiß bestreichen.
4. Den übrigen Teig zu einer Platte ausrollen und diese auf die Äpfel legen. Den Rand mit Hilfe einer Gabel zusammendrücken. In der Mitte ein Loch von etwa 2 cm Durchmesser ausstechen.
5. Im auf 175 °C vorgeheizten Ofen 40 Minuten backen. Etwas abkühlen lassen, dann mit Puderzucker bestäuben.

Eccles Cakes

Eccles Cakes

Teegebäck mit Rosinen

Diese köstlichen Plätzchen werden am besten warm serviert. Übrig gebliebenes Gebäck kann in einer luftdicht verschlossenen Dose aufbewahrt und im Backofen wieder aufgewärmt werden.

1 Paket TK-Blätterteig (450 g)
90 g Rosinen
3 EL Butter
2 EL brauner Zucker
3 EL Orangeat
je 1 Prise Zimt, Piment und Muskatnuss
fein geriebene Schale von 1 Zitrone
1 Eiweiß
1 EL Zucker

1. Die getauten Blätterteigscheiben übereinander legen und auf einer bemehlten Arbeitsfläche etwa 3 mm dick ausrollen. Mit einer Ausstechform oder einem Glas von 10 cm Durchmesser Plätzchen ausstechen.
2. Die Rosinen waschen und mit Küchenpapier trocken tupfen. Die Butter in einem kleinen Topf zerlassen. Die Rosinen, Zucker, Orangeat, Gewürze und die Zitronenschale dazugeben und gut verrühren.
3. Auf jedes Plätzchen in die Mitte 1 gehäuften Teelöffel der Füllung geben. Die Teigränder hoch ziehen und über der Füllung zusammendrücken. Die Plätzchen umdrehen und vorsichtig zu einem Oval flach drücken. In die Oberfläche mit einem scharfen Messer drei kleine Schlitze schneiden.
4. Die Plätzchen auf ein eingefettetes Backblech legen. Das Eiweiß zu Schnee schlagen. Die Plätzchen mit dem Eischaum bestreichen und mit etwas Zucker bestreuen. Im auf 190 °C vorgeheizten Ofen etwa 12–15 Minuten backen, bis die Plätzchen aufgegangen und goldbraun sind. Auf einem Kuchengitter auskühlen lassen.

Harvest Cakes

Harvest Cakes

Ingwerplätzchen

60 g Butter
80 g Zucker
1 Ei
170 g Mehl
1 TL Backpulver
50 g kandierter Ingwer

1. Die weiche Butter mit dem Zucker in einer Schüssel zu einer schaumigen Masse verrühren. Das Ei leicht verschlagen und hinzugeben.
2. Das Mehl und das Backpulver in die Schüssel sieben. Den Ingwer dazugeben und alles verrühren.
3. Kleine Muffin- oder Kuchenformen mit Butter einfetten und den Teig hineinfüllen. Im auf 200 °C vorgeheizten Ofen etwa 20 Minuten backen.

PADSTOW
Coffee
Cremes
£1.95p
PADSTOW
Peppermint
Cremes
£1.95

EST.
1762
Bob Fitzsimmons
World Champion
1891–99
Born Helston
1863
THE FITZSIMMONS
ARMS

Dinner

„Die Bar im Sliding Tackle war klein und gemütlich, schwarz getäfelt, sehr alt. Sie hatte nur ein einziges winziges Fenster aufzuweisen, das auf den Hafen hinausging, sodass ein Gast, der aus dem flimmernden Licht draußen hereintrat, zuerst den Eindruck völliger Finsternis hatte. Später, wenn die Augen sich an das Dunkel gewöhnt hatten, wurden andere Absonderlichkeiten sichtbar: So gab es nirgendwo zwei parallele Linien … Und die weiß getünchte Decke hatte eine dermaßen unvorstellbare Neigung, dass der Wirt sich genötigt sah, Zettel anzubringen, auf denen stand: Achtung Balken oder Kopf einziehen."

aus: R. Pilcher, Lichterspiele

Ein Abend im Dorf

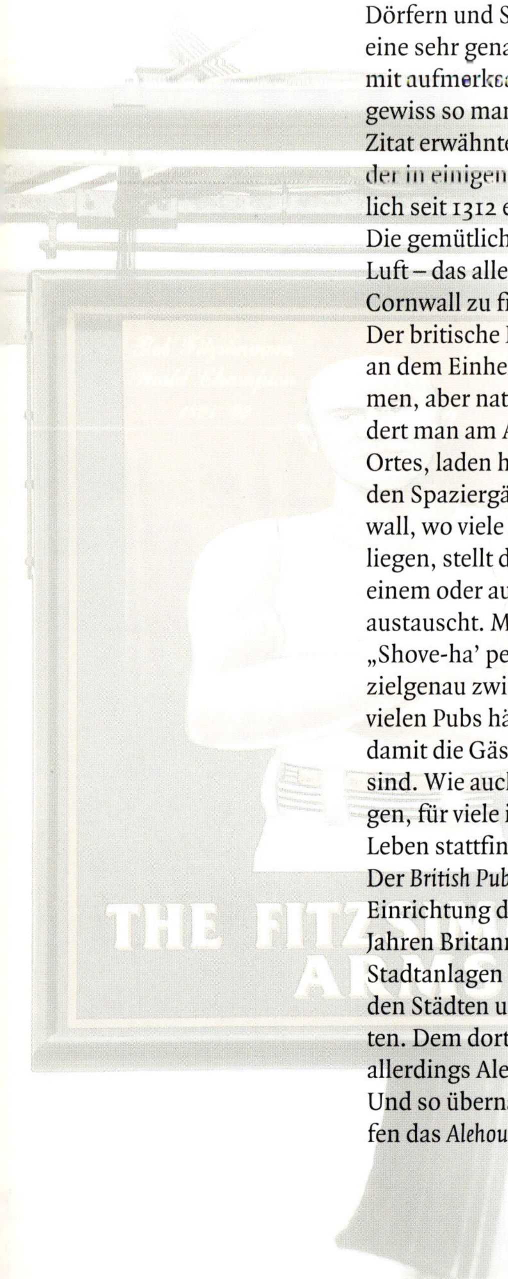

In Rosamunde Pilchers Romanen sind viele eindrucksvolle Beschreibungen ihrer Heimat Cornwall enthalten. Auf wunderbare Weise gelingt es ihr, die Stimmungen der Landschaft einzufangen wie auch das Leben in den cornischen Dörfern und Städtchen zu schildern. Die Schriftstellerin ist eine sehr genaue Beobachterin, und wer als Leser ihrer Werke mit aufmerksamem Blick durch die Grafschaft reist, wird gewiss so manches Vertraute wieder entdecken. Dem in dem Zitat erwähnten „Sliding Tackle“ beispielsweise, einem Pub, der in einigen der Romane Schauplatz ist, diente das angeblich seit 1312 existierende „Sloop Inn“ in St. Ives als Vorbild. Die gemütliche Enge, fröhliches Stimmengewirr, rauchige Luft – das alles gehört zu einem *Public House*, wie es in ganz Cornwall zu finden ist.

Der britische Pub ist eine Institution, ein sozialer Treffpunkt, an dem Einheimische aller Altersgruppen zusammenkommen, aber natürlich auch Touristen willkommen sind. Schlendert man am Abend durch die Straßen und Gässchen eines Ortes, laden handgemalte Schilder und erleuchtete Fenster den Spaziergänger zur Einkehr ein.Für die Menschen in Cornwall, wo viele Dörfer oder Gehöfte weit voneinander entfernt liegen, stellt der Pub einen idealen Ort dar, an dem man bei einem oder auch mehreren Bieren die Neuigkeiten des Tages austauscht. Manche suchen Entspannung bei ein paar Runden „Shove-ha’ penny“, einem Spiel, bei dem Münzen möglichst zielgenau zwischen die Biergläser geschnippt werden. In vielen Pubs hängt auch ein Dartbrett, natürlich etwas abseits, damit die Gäste nicht der Gefahr fliegender Pfeile ausgesetzt sind. Wie auch immer die Engländer ihre Zeit im Pub verbringen, für viele ist er ein zweites Zuhause, in dem das gesellige Leben stattfindet.

Der *British Pub* hat eine sehr alte Tradition. Im Grunde ist diese Einrichtung den Römern zu verdanken, die vor zweitausend Jahren Britannien besetzten und nicht nur römische Straßen, Stadtanlagen und Gesetze ins Land brachten, sondern auch in den Städten und entlang der Verkehrsadern Tavernen errichteten. Dem dort ausgeschenkten Wein zogen die Einheimischen allerdings Ale vor, ein damals recht mildes und süßes Bier. Und so übernahmen sie die Idee eines Gasthauses und schufen das *Alehouse*. Als man im 14. Jahrhundert damit begann,

Am Abend genießt man im stilvollen Ambiente der Restaurants exquisite Gerichte und Menüs.

Bier unter Beimischung von Hopfen zu brauen, nahmen die Schenken allmählich eine zentrale Stellung im britischen Gesellschaftsleben ein, die sie als Pubs bis heute behalten haben.

Das Hauptgetränk im Pub ist zweifellos Bier, von dem oft zwanzig verschiedene Sorten im Ausschank sind. Viele werden frisch gezapft, einige bekommt man aus der Flasche. Die Auswahl reicht vom dunklen, starken *Stout* (wie z. B. das aus Irland stammende *Guinness*) über *Mild Ales*, kräftigen *Bitter* und süßlichen *Porter* bis zu goldfarbenen *Lager*-Bieren. Das übliche Maß ist ein *Pint*, also ein guter halber Liter. Wem das ein wenig viel erscheint, der kann auch „a half-pint" bestellen. Und bekommt dann, abweichend von unseren kontinentalen Gewohnheiten, ein randvolles Glas mit wenig Schaum. Das Gebräu ist zudem nicht kalt, sondern nur kellerkühl. Biersorten, die im Fass reifen, werden meist nur regional ausgeschenkt, da ihre Qualität unter einem Transport leiden würde. Aus diesem Grund verfügt Großbritannien über eine höchst vielfältige Bierlandschaft.

Natürlich offeriert man im Pub auch zahlreiche andere alkoholische und alkoholfreie Getränke. Scottish Whisky und Irish Whiskey (man beachte die unterschiedliche Schreibweise) stehen neben Gin, Sherry und anderem Hochprozentigen dicht gedrängt in unzähligen Flaschen auf den Regalen hinter der Bar.

Vor allem im Südwesten Englands kann sich der durstige Gast überall an einem Glas *Cider* laben. Dieser herbe Apfelwein ist sehr süffig, was nicht darüber hin-

Romantisches Dinner an der Hafenmole – das „Old Custom House" in Padstow

wegtäuschen sollte, dass sein Alkoholgehalt beträchtlich ist. Inzwischen haben auch Rot- und Weißweine in die englische Schankstube Einzug gehalten, und sie sind durchaus von guter Qualität.

Für den Besuch eines Pubs gelten übrigens gewisse Regeln, die man kennen sollte. Wer etwas trinken möchte – schließlich ist das der Grund des Kommens –, geht zum Bestellen an die Theke, da es keine Kellner gibt. Trinkgeld ist verpönt, denn im Pub geht man immer davon aus, dass die Wirtsleute sellbst hinter dem Tresen stehen, auch wenn das offensichtlich nicht zutrifft. Möchte man sich trotzdem erkenntlich zeigen, kann ein Drink spendiert werden. Da die Engländer als zurückhaltendes und höfliches Volk gelten, sollte der Gast seine Bestellung weder lautstark verkünden noch mit wilder Gestikulation begleiten. Man wird ihm seinen Wunsch auch so innerhalb kurzer Zeit erfüllen. Geht man als Gruppe in den Pub oder trifft dort andere Leute, bestellt einer eine ganze Runde und bezahlt sie auch gleich. Dann ist der Nächste an der Reihe. Dieses Ritual ist den Briten heilig.

Der Pub ist ein Ort der Geselligkeit. In gemütlicher Atmosphäre stehen und sitzen die Gäste, von denen nicht wenige allabendlich auf ein *Pint* vorbeischauen, beieinander. Der Engländer liebt seine Stammkneipe, in der man sich kennt, aber auch der Fremde wird nicht lange brauchen, um mit anderen ins Gespräch zu kommen.

Auch der schönste Pub-Abend findet einmal sein Ende, und das gar nicht so spät. Kurz vor 23 Uhr ertönt eine Glocke über der Theke. Der Barmann fordert die Gäste mit den Worten „Last orders, please" zur letzten Bestellung auf, denn nun naht unerbittlich die Sperrstunde. Zeit zum Austrinken bleibt noch, doch zwanzig Minuten später ist endgültig Schluss – „Time, ladies and gentlemen". Dann tritt man auf die Straße, in guter Gesellschaft der anderen späten Gäste.

Im Pub wird jedoch nicht nur getrunken. Schon am Mittag kann man dort ein kaltes oder warmes Gericht essen. Dazu gehören Kleinigkeiten (der so genannte *Pub Grub*) wie zum Beispiel der *Ploughman's Lunch*, ein Käseteller mit Pickles und Brot, oder *Fisherman's Lunch* (statt Käse wird geräucherter Fisch gereicht), Salate mit Fleisch, gebackene Hähnchenflügel oder eine delikate Suppe wie *Cock-a-Leekie* (Hühnersuppe mit Lauch). Auch verschiedene Pasteten wie der *Steak-and-Kidney-Pie* (mit Rindfleisch und Nieren) oder ein deftiges *Irish Stew* (Eintopf mit Lamm) stehen häufig neben den „Specials of the day" auf der Karte oder Wandtafel.

Am Abend ist in vielen Pubs das Angebot noch größer. Manche Gasthäuser haben einen separaten Restaurant-Raum, der

The Old
LAMORNA
SY 36
BARBARY-T

Noch sind die Gäste nicht da, doch in einer Stunde wird der Pub von Stimmengewirr erfüllt sein – und der Barman ein Pint nach dem anderen zapfen.

dann geöffnet wird, in anderen werden einige Tische etwas abseits vom Schankbereich für die Gäste gedeckt. Die Qualität des Essens ist in den letzten Jahren enorm gestiegen, und außer traditionellen britischen Speisen werden in vielen Lokalen auch Gerichte aus der internationalen Küche serviert. Neben den Pubs laden natürlich am Abend viele Restaurants zu einem Dinner ein. Die gestiegene Esskultur wird auch in Cornwall gepflegt, wo man allerorten auf angesehene Adressen stößt. 1996 wurde sogar eine Vereinigung gegründet, die unter dem Namen „Food in Cornwall Association“ für die Bekanntheit einiger besonders guter Inns, Restaurants und Country House Hotels sorgt.

Wenn die Dämmerung hereinbricht, die Boote wieder in den Hafen eingelaufen sind und die Möwen allmählich verstummen, ist die Zeit für kulinarisches Genießen in stilvollem Ambiente gekommen. Am besten macht man es so wie Rosamunde Pilcher und ihr Mann Graham: Wenn die beiden wieder einmal aus Schottland zu Besuch in Cornwall sind, stimmen sie sich mit einem Glas Single Malt Whisky auf das romantische Dinner in einem kleinen Restaurant an der Küste ein. Mit einem Drink in der Hand gemütlich in einem Sessel vor dem Kamin sitzen oder die Aussicht auf das ruhige Meer und die blinkenden Lichter ferner Boote genießen – das ist cornisches Lebensgefühl „at it's best“, wie es auch in Pilchers Geschichten zum Ausdruck kommt.

Anders als in den Mittelmeerländern, wo man sich zu später Stunde an den gedeckten Tisch setzt, ziehen es die Engländer vor, abends zwischen sieben und neun Uhr zu speisen. In einer Metropole wie London wird man nach dem Theater- oder Konzertbesuch sicher noch ein *Late Supper* serviert bekommen, doch vor allem in den eher ländlichen Gegenden des beschaulichen Südwestens ticken die Uhren auch in dieser Hinsicht anders.
Egal, ob man sich für das Restaurant eines noblen Country House Hotels oder aber ein gemütliches Restaurant an der Hafenmole entscheidet: die Dinnerküche Cornwalls hat vielerlei Abwechslung zu bieten. Abgesehen von exquisiten Fisch- und Seafoodgerichten, denen ein eigenes Kapitel gewidmet ist, steht vielleicht Lamm in verschiedenen Variationen auf der Speisekarte, das berühmte Filet Wellington oder Wild wie Fasan in Cidersauce und Kaninchen mit Früchten. Zu den Highlights gehört natürlich auch das Roastbeef, das – vom Küchenchef persönlich angeschnitten – traditionell mit Meerrettichsauce und Yorkshire Pudding serviert wird.
Selbstverständlich profitiert auch die cornische Küche von der begünstigten Lage der Grafschaft. Man verwendet fast ausschließlich lokale Produkte der Farmbetriebe, und das Rind- und Lammfleisch stammt von jenen Tieren, die auf den saftigen Weiden im Landesinneren grasen. Cornwalls Köchen gelingt es auf perfekte Weise, den ursprünglichen Charakter der Zutaten zu bewahren und zugleich mit kulinarischer Experimentierfreude ihren Gerichten eine besondere Note zu verleihen. Wer zum Abschluss noch eine der köstlichen Süßspeisen genießt, wird größtes Wohlbehagen empfinden und diesen Abend gewiss lange in Erinnerung behalten.
Am Ende eines solchen Abends bleibt eigentlich nur noch, im Dunkeln zufrieden nach Hause zu spazieren. Die Straßen sind ausgestorben, das Mondlicht fließt in silbrigen Fäden über das Meer und über den Dächern des Dorfes liegt nächtliche Stille. Gibt es dann noch etwas Himmlischeres, als mit der Aussicht einzuschlafen, im cornischen Morgenlicht zu erwachen?

Spaziert man durch die Straßen eines cornischen Städtchens, laden hier und dort bunte Schilder an den Häusern zur Einkehr ein.

Rezepte

Cock-a-Leekie

Hühnersuppe mit Lauch

750 g Suppenknochen
1 Bund Suppengrün
3 Zwiebeln
1 Lorbeerblatt
2 Nelken
1 TL schwarze Pfefferkörner
Salz
1 Hähnchen (etwa 1 kg)
600 g Lauch
2 EL Butter
weißer Pfeffer
1 TL Zitronensaft
einige Zweige glatte Petersilie

1. Die Suppenknochen kalt abspülen und in einen großen Topf geben. 1,5 l Wasser dazugießen. Das Suppengrün waschen, in Stücke schneiden und hinzugeben. Eine Zwiebel schälen und mit dem Lorbeerblatt, den Nelken und den zerstoßenen Pfefferkörnern in den Topf geben. Das Ganze salzen und einmal aufkochen lassen. Den Schaum abschöpfen und die Brühe zugedeckt etwa 1 Stunde bei mittlerer Hitze kochen.
2. Das Hähnchen innen und außen abspülen und in der Mitte durchschneiden. In den Topf geben und in der Brühe 1 Stunde zugedeckt bei mittlerer Hitze kochen.
3. Den Lauch putzen und in Ringe schneiden. Die beiden übrigen Zwiebeln schälen und fein hacken.
4. Das Hähnchen aus der Suppe nehmen und etwas abkühlen lassen. Häuten, das Fleisch von den Knochen lösen und in nicht zu kleine Stücke zerteilen.
5. Die Butter in einem Topf zerlassen und darin die Zwiebelwürfel andünsten. Den Lauch hinzufügen und etwa 3 Minuten schmoren. Die Hähnchenstücke untermischen. Die Brühe durch ein Sieb gießen und dazugeben. Mit Salz, Pfeffer und Zitronensaft abschmecken und 10 Minuten köcheln lassen.
6. Die Petersilie waschen und trocken tupfen. Die Blätter abzupfen, fein hacken und kurz vor dem Servieren in die Suppe geben.

Onion Soup with Stilton

Zwiebelsuppe mit Stilton

Der Stilton gilt als König der englischen Käse. Mit seinem milden und doch vollen Geschmack verleiht er dieser Suppe ihre besondere Note.

8 mittelgroße Zwiebeln
100 g Butter
600 ml Brühe
frischer Thymian oder Bohnenkraut
Salz
frisch gemahlener Pfeffer
150 g Stilton
600 ml trockener Weißwein oder Bier
4 Scheiben Toastbrot

1. Die Zwiebeln schälen, halbieren und in Ringe schneiden. In einem großen Kochtopf die Butter zerlassen und die Zwiebeln darin dünsten, bis sie goldbraun sind.
2. Die Brühe hinzugießen und zum Kochen bringen. Den Thymian bzw. das Bohnenkraut dazugeben und mit Salz und Pfeffer würzen. Den Topf verschließen und die Suppe 30–40 Minuten köcheln lassen.
3. Den Käse in kleine Würfel schneiden und nach der Hälfte der Kochzeit in die Suppe geben. Gut durchrühren.
4. 10 Minuten vor Ende der Kochzeit den Weißwein bzw. das Bier hinzugießen.
5. Das Toastbrot in kleine Würfel schneiden. In der heißen Pfanne mit etwas Butter anrösten.
6. Die Suppe in Schalen verteilen, die Croutons darüber streuen und sofort servieren.

Welsh Rarebits

Waliser Käsetoast

200 g Cheddar
50 g Butter
4 EL Bier
Salz, weißer Pfeffer
1 TL mittelscharfer Senf
1 Spritzer Worcestershire Sauce
4 Scheiben Toastbrot

1. Den Käse grob raspeln. Die Hälfte der Butter bei geringer Hitze in einem Topf zerlassen. Das Bier hinzugeben und erhitzen. Den Käse darin unter Rühren schmelzen lassen. Mit Salz, Pfeffer, Senf und Worcestershire Sauce würzen. Die Käsecreme warm halten. Sie darf auf keinen Fall kochen.
2. Die übrige Butter in einer Pfanne zerlassen und die Toastbrotscheiben darin bei mittlerer Hitze auf beiden Seiten goldbraun rösten.
3. Die Brotscheiben halbieren und auf ein Backblech legen. Mit der Käsecreme bestreichen. Im auf 220 °C vorgeheizten Ofen auf der oberen Schiene oder unter dem Grill etwa 5 Minuten überbacken.

Lamb Chops

Lamb Chops with Mint Sauce

Lammkoteletts mit Minzsauce

4 große doppelte Lammkoteletts
6 EL Öl
20 ml Whisky oder Cognac
schwarzer Pfeffer
gemahlener Ingwer
2 Knoblauchzehen
2 Minzzweige
Butter

Für die Minzsauce:
10 Blättchen Minze
50 ml Wasser
1 EL Malz- oder Weinessig
½ TL Zucker

1. Die Lammkoteletts abspülen und trocken tupfen.
2. Das Öl mit Whisky (oder Cognac), Pfeffer, Ingwer, dem zerdrückten Knoblauch und zwei gehackten Minzzweigen verrühren. Das Fleisch für mindestens 3 Stunden in die Marinade legen.
3. Für die Minzsauce die Blättchen abspülen, trocken tupfen und fein hacken. Mit Wasser, Essig und Zucker gut verrühren.
4. In einer großen Pfanne Butter erhitzen. Die Lammkoteletts abtrocknen und darin auf beiden Seiten goldbraun braten.
5. Die Sauce zu den Koteletts reichen. Als Beilage können Kartoffeln und Gemüse wie Möhren oder Bohnen serviert werden.

Die in der englischen Küche so beliebte Minze trägt den botanischen Namen „Mentha spicata". Bis vor gar nicht langer Zeit waren Minze und Salbei die einzigen Kräuter, die in den meisten der britischen Haushalte Verwendung fanden. Das unkomplizierte Kraut würzt nicht nur zahlreiche Lammgerichte, sondern verleiht auch neuen Kartoffeln und Erbsen einen frischen Geschmack. Fertige Minzsauce ist bei uns in Delikatessläden und Feinkostabteilungen von Supermärkten erhältlich.

Roast Lamb with Herbs

Lammrücken mit Kräuterkruste

1,5 kg Lammrücken
Salz, frisch gemahlener Pfeffer
3 Knoblauchzehen
1 EL Senf
75 g Butterschmalz
750 g kleine Kartoffeln
30 g Semmelbrösel
4 EL frische gehackte Kräuter (Thymian, Rosmarin, Basilikum, Salbei)
750 g frische grüne Bohnen
Butter
Bohnenkraut
150 ml trockener Weißwein

1. Den Lammrücken von überflüssigem Fett befreien. Die Fettschicht auf dem Fleisch rautenförmig einschneiden. Durch zwei etwa 1,5 cm tiefe Schnitte das Fleisch zu beiden Seiten des Rückgrats ablösen, damit die Gewürze besser eindringen können.
2. Den Lammrücken rundherum mit Salz, Pfeffer, 1 gepressten Knoblauchzehe und Senf einreiben. Den Backofen auf 250 °C vorheizen. Das Fleisch in einen Bräter legen und mit 30 g stark erhitztem Butterschmalz begießen. Im Ofen 20 Minuten braten.
3. Die Kartoffeln schälen, etwa 10 Minuten kochen, abtropfen lassen und zu dem Fleisch in den Bräter geben.
4. Das übrige Butterschmalz mit Semmelbröseln, 3 Esslöffel Kräutern, Salz, Pfeffer und 1 gepressten Knoblauchzehe vermischen. Nach 20 Minuten Bratzeit den Lammrücken mit der Farce bestreichen und etwa 15 Minuten bei gleicher Temperatur weiterbraten. Die Kartoffeln hin und wieder wenden.
5. 5 Minuten vor Ende der Bratzeit die übrigen Kräuter und 1 gepresste Knoblauchzehe vermengen und auf dem Lammrücken verteilen.
6. Während der Braten gart, die Bohnen waschen und den Stielansatz abschneiden. Etwas Butter zerlassen, die Bohnen und 5 Esslöffel Wasser hineingeben, mit Salz und Bohnenkraut würzen und etwa 20 Minuten dünsten.
7. Den Braten und die Kartoffeln aus dem Bräter nehmen und warm stellen. Das überschüssige Fett abschöpfen. Den Bratenfond mit Weißwein lösen. Die Sauce etwas einkochen lassen und mit Salz und Pfeffer abschmecken.
8. Den Braten und die Bohnen auf einer vorgewärmten Platte anrichten. Die Kartoffeln und die Sauce getrennt dazu servieren.

Filet Wellington

Rinderbraten im Teigmantel (für 6–8 Personen)

1,5 kg Rinderfilet
Salz
frischer Pfeffer
3 EL Olivenöl
3 Schalotten
500 g Champignons oder Steinpilze
30 g Butter
3 EL Madeira
3 EL süße Sahne
1 Bund glatte Petersilie
100 g Gänseleberpastete
2 Pakete tiefgekühlter Blätterteig (à 300 g)
1 Ei

1. Das Rinderfilet mit Salz und Pfeffer einreiben und in heißem Öl etwa 10 Minuten rundum scharf anbraten. Abkühlen lassen.
2. Die Schalotten und die geputzten Pilze in kleine Würfel schneiden. Dann die Butter zerlassen und darin die Schalotten- und Pilzwürfel dünsten. Schmoren lassen, bis die Flüssigkeit vollständig verdampft ist. Nun Madeira und Sahne hinzugeben und weiterköcheln, bis die Flüssigkeit eingekocht und die Pilzfarce trocken ist. Mit Salz und Pfeffer würzen. Die Petersilienblätter hacken und unterrühren. Abkühlen lassen.
3. Gänseleberpastete mit Pilzfarce verrühren.
4. Die aufgetauten Blätterteigplatten (bis auf 2 Platten für die Garnitur) aufeinander legen und den Teig zu einem Rechteck ausrollen, das groß genug ist, um das Filet darin einhüllen zu können.
5. Das abgekühlte Filet auf den Teig setzen. Nun das Fleisch mit der Farce bedecken. Die Teigränder mit Eiweiß bestreichen und das Filet einwickeln. Kanten fest andrücken. Dann das Ganze umdrehen, damit die Naht unten liegt. Die beiseite gelegten Teigplatten übereinander legen, ausrollen und kleine Blätter und Rosen ausschneiden. Alternativ können auch Streifen ausgeradelt werden. Die Dekoration mit Eiweiß bestreichen und auf den Teigmantel legen. Das Ganze mit Eigelb bestreichen. Den Teig mit einer Nadel mehrmals einstechen.
6. Das Filet auf ein eingefettetes Backblech setzen und im vorgeheizten Ofen bei 220 °C etwa 30 Minuten backen. Dann weitere 15 Minuten im abgeschalteten Ofen bei offener Tür ruhen lassen.

Wenn das Fleisch aus kontrollierter Zucht stammt, kann man auch in englischen Metzgereien stolz auf „British Beef" sein.

Als Beilage verschiedene Gemüse wie Spargel, Möhren, Erbsen, Blumenkohl oder Brokkoli reichen. Wird das Filet kalt serviert, schmeckt eine Cumberland Sauce besonders gut dazu.

Cumberland Sauce

Cumberland Sauce

2 EL Öl
3 El Portwein
1 EL scharfer Senf
1 EL Johannisbeergelee
etwas abgeriebene Orangenschale
1 EL Orangensaft
Pfeffer, Salz

Alle Zutaten miteinander verrühren.

Roastbeef
Rinderbraten

Für dieses klassische englische Gericht sollte das Fleisch von bester Qualität sein. Kenner bevorzugen Lende, weil sie besonders zart ist.

1,5–2 kg Rinderlende
100 ml Speiseöl
Salz, schwarzer Pfeffer
200 ml Wasser

1. Die Lende vom Metzger entbeinen, zusammenrollen und binden lassen, damit sie während des Bratens ihre Form behält. Das Fleisch sollte dunkelrot sein und auf Druck zwar nachgeben, aber wieder in Form kommen. Es sollte auf jeden Fall einen cremig-weißen Fettrand haben. Für den Geschmack ist es wichtig, dass das Fleisch mindestens 2 Wochen abgehangen hat.
2. Die Lende rundum, auch an den Enden, in heißem Speiseöl anbraten.
3. Das Fleisch in eine Fettpfanne legen. Mit Salz und Pfeffer würzen. Das Wasser in die Pfanne gießen. Dann in den auf 250 °C geheizten Backofen schieben und 30 Minuten braten. In dieser Zeit bildet sich durch das gerinnende Eiweiß eine Kruste an den Schnittflächen. Hin und wieder mit dem Bratenfond begießen. Das verleiht Farbe, hält den Saft und verhindert, dass die Lende zu sehr schrumpft. Nach 30 Minuten die Temperatur für den Rest der Bratzeit auf 170 °C zurückschalten. Dafür gilt die Regel: pro 1 cm Fleischdicke 5 Minuten Bratzeit. Danach ist das Roastbeef innen noch rosa. Es darf auf keinen Fall durchgebraten werden.
4. Vor dem Anschneiden sollte das Roastbeef – mit Alufolie abgedeckt – unbedingt noch 20 Minuten ruhen. Das hält den Saft und erleichtert das Schneiden.
5. Das Fleisch in möglichst dünne Scheiben schneiden und servieren.

Nach englischer Tradition wird zum Roastbeef eine Meerrettichsauce gereicht.

Horseradish Sauce
Meerrettichsauce

1 kleine Meerrettichwurzel
3/4 l Schlagsahne
1 TL Weißweinessig
(oder Zitronensaft)
Salz, Zucker

1. Die gesäuberte Merrettichwurzel ganz fein raspeln. Die Menge sollte etwa 1 Esslöffel betragen.
2. Den Weinessig (oder Zitronensaft), eine Prise Salz und etwa 1 Teelöffel Zucker hinzufügen und alles miteinander verrühren.
3. Die Sahne leicht schlagen und darunter heben.

Wer das Roastbeef als klassisches englisches Gericht auf den Tisch bringen möchte, kann als Beilage einen Yorkshire Pudding zubereiten.

Yorkshire Pudding

Yorkshire Pudding

Yorkshire Pudding

4 Eier
⅛ l Milch
½ TL Salz
125 g Mehl
30 g Rinderschmalz

1. Mit einem Mixer die Eier, Milch sowie das Salz verrühren und nach und nach das Mehl einstreuen. So lange schlagen, bis der Teig geschmeidig ist.
2. Den Teig mit einem Küchentuch bedecken, damit sich keine Haut bildet, und für einige Stunden, am besten über Nacht, in den Kühlschrank stellen.
3. Der Yorkshire Pudding erhält seinen typischen Charakter dadurch, dass er in dem Bratfett des Roastbeefs gebacken wird. Den Backofen auf 230 °C vorheizen. In eine feuerfeste Form 2 Esslöffel vom Bratfett geben und einige Minuten im Ofen erhitzen.
4. Die Form aus dem Ofen nehmen und den Teig hineingeben. 10 Minuten bei 225 °C und weitere 10 Minuten bei 200 °C backen. Der Pudding sollte gut aufgegangen, knusprig und goldbraun sein. Zusammen mit dem warmen Roastbeef sofort servieren.

Steak-and-Kidney Pie

Steak-and-Kidney-Pie

Steak-Nieren-Pastete

Für den Teig:
400 g Mehl
250 g Rindertalg
1 TL Salz
frischer Pfeffer
6–8 EL eiskaltes Wasser

Für die Füllung:
750 g Rindersteak
250 g Kalbsnieren
1 Tasse Mehl
1 TL Salz
frisch gemahlener Pfeffer
½ TL geriebene Muskatnuss
100 g Champignons
1 Zwiebel
½ Tasse gehackte Petersilie
2 Tassen Fleischbrühe
Butter

1. Das Mehl in eine große kalte Schüssel sieben. Den Rindertalg fein hacken und zu dem Mehl geben. Fett und Mehl so lange mit den Fingern vermischen, bis sich große Flocken bilden. Salz und Pfeffer darüber streuen. Das Wasser hinzugeben und den Teig zu einem glatten weichen Kloß verarbeiten. Nun den Teig auf einer bemehlten Arbeitsfläche gut durchkneten. Dann mindestens 1 Stunde im Kühlschrank ruhen lassen.
2. Für die Füllung die Nieren gut wässern. Das Rindfleisch und die Nieren in kleine Würfel schneiden. Das Mehl mit den Gewürzen vermischen und die Fleischwürfel darin wenden.
3. Die Champignons putzen und in Viertel schneiden. Die Zwiebel fein hacken.
4. Nun eine hohe feuerfeste Form ausfetten. Den Teig in ein größeres und ein kleineres Stück (für den Deckel) teilen. Das große Stück 1 cm dick ausrollen und damit die Form auskleiden. Überhängende Ränder werden abgeschnitten. Den übrigen Teig zu einer runden Platte ausrollen.
5. Das Fleisch, die Pilze, die Zwiebelwürfel und die Petersilie in die Form geben. Dann die Füllung mit 1 Tasse warmer Fleischbrühe übergießen.
6. Die Form mit der runden Teigplatte verschließen, in die zuvor ein Loch von ca. 2 cm Durchmesser geschnitten wurde. Durch diese Öffnung entweicht während des Kochens der Dampf. Dann die Teigränder zusammendrücken. Zuerst Butterbrotpapier auf den Deckel legen und dann ein bemehltes Küchentuch, das unter dem Rand mit einer Schnur festgebunden wird. Die Zipfel oben über Kreuz verknoten.
7. Die Form in einen großen Topf stellen und so viel kochendes Wasser dazugießen, dass sie bis zu drei Vierteln ihrer Höhe darin steht. Das Wasser einmal aufwallen lassen, dann den Topf verschließen, die Hitze reduzieren und 4 bis 5 Stunden köcheln lassen. Den Topf hin und wieder mit kochendem Wasser auffüllen.
8. Den Pie aus dem Wasserbad nehmen und Küchentuch und Butterbrotpapier entfernen. Nun 1 Tasse Brühe in die Öffnung des Deckels gießen. Serviert wird der Pie in der Form oder auf einer Silberplatte.

Veal Pie

Fleischpastete mit Kalb

Für den Teig:
500 g Mehl
½ TL Salz
6 EL Milch
2 EL Wasser
150 g Schweineschmalz

Für die Füllung:
800 g mageres Kalbfleisch
300 g Schinken
3 Tomaten
1 Bund Petersilie
4 hart gekochte Eier
⅛ l Brühe
4 EL Sahne
2 EL Weinbrand
Salz, schwarzer Pfeffer
getrockneter Salbei
1 Eigelb

1. Das Mehl in eine Schüssel sieben und mit dem Salz vermischen. Milch, Wasser und Schmalz langsam erwärmen, bis sich das Schmalz aufgelöst hat. Die Mischung langsam unter das Mehl rühren. Wenn sich ein fester Kloß gebildet hat, den Teig so lange kneten, bis er elastisch ist. Die Schüssel mit einem feuchten Tuch bedecken und den Teig etwa 30 Minuten ruhen lassen.
2. Das Fleisch und den Schinken in feine Würfel schneiden.
3. Die Tomaten häuten und entkernen. Zusammen mit der Petersilie und den Eiern hacken. Mit den Fleisch- und Schinkenwürfeln in eine Schüssel geben.
4. Die Brühe erhitzen und mit Sahne, Weinbrand und den Gewürzen verrühren. Die Brühe sollte kräftig schmecken, also gegebenenfalls nachwürzen. Zu den anderen Zutaten in die Schüssel gießen und vermischen.
5. Den Teig auf einer bemehlten Arbeitsfläche zu zwei Platten ausrollen. Mit der ersten eine flache Pastetenform auslegen. Dabei den Rand hochziehen. Die Füllung auf dem Teig verteilen. Nun die zweite Teigplatte als Deckel auflegen. Die Ränder fest andrücken und die Oberfläche einige Male einstechen, damit der Dampf, der sich während des Backens bildet, entweichen kann. Mit verquirltem Eigelb bestreichen.
6. Die Form in den auf 170 °C vorgeheizten Ofen stellen und etwa 1 ½ Stunden backen. Diese köstliche Pastete kann warm oder kalt serviert werden.

Irish Stew

Lammeintopf

Dies ist die klassische Variante des irischen Nationalgerichts, das auch in England gerne gegessen wird. Es spricht jedoch nichts dagegen, auch Gemüse wie Möhren, Lauch oder Weißkohl als weitere Zutaten in den Eintopf zu geben.

1 kg Lammfleisch (Schulter oder Brust)
1 kg Kartoffeln
400 g Zwiebeln
Salz, schwarzer Pfeffer
getrockneter Thymian
1 Prise getrockneter Majoran
gehackte Petersilie
½ l Rinderbrühe

1. Das Lammfleisch, falls nötig, von Fett befreien und in ragoutgroße (auf jeden Fall nicht zu kleine) Stücke schneiden.
2. Die Kartoffeln und Zwiebeln schälen. Die Kartoffeln in ½ cm dicke Scheiben und die Zwiebeln in Ringe schneiden.
3. In einem großen Topf abwechselnd Kartoffeln, Zwiebeln und Fleisch schichten, wobei die untere und die obere Lage Kartoffeln bilden. Jede Schicht kräftig mit Salz und Pfeffer würzen sowie mit Thymian, Majoran und Petersilie bestreuen. Nun so viel Rinderbrühe angießen, dass alles gerade bedeckt ist.
4. Das Stew zum Kochen bringen und dann zugedeckt bei niedriger Hitze etwa 1 ½ Stunden garen. Sollte es zu trocken werden, etwas Flüssigkeit (Rinderbrühe oder Wasser) zugießen.

Pheasant in Cider

Pheasant in Cider

Fasan in Cidersauce mit Äpfeln und Maronen

250 g Maronen
¼ l Fleischbrühe
1 EL Zucker
500 g säuerliche Äpfel
40 g Butter
1 küchenfertiger Fasan (ca. 1 kg schwer)
100 g frischer fetter Speck in Scheiben
40 g Margarine
¼ l heißes Wasser
20 ml Calvados
100 ml Cider (Apfelwein)
2 TL Speisestärke
⅛ l süße Sahne
Salz, weißer Pfeffer

1. Maronen kreuzweise einschneiden und auf ein Backblech legen. Im auf 220 °C vorgeheizten Backofen 15 Minuten rösten.
2. Die Maronen herausnehmen, sofort schälen und die braune Innenhaut ablösen.
3. Die Fleischbrühe erhitzen. Darin die Maronen 15 Minuten kochen. Die Brühe sollte dann fast verkocht sein. Den Zucker darüber streuen und die Maronen glasieren.
4. Die Äpfel schälen, vierteln, das Kerngehäuse entfernen und die Viertel in nicht zu dünne Schnitze schneiden. Die Butter in einer Pfanne zerlassen. Darin die Apfelschnitze etwa 8 Minuten schwenken. Warm stellen.
5. Den Fasan unter kaltem Wasser abspülen. Innen und außen mit Küchenpapier abtupfen und mit Salz einreiben. Flügel und Keulen am Körper festbinden. Mit den Speckscheiben umwickeln.
6. Die Margarine in einem Bräter erhitzen. Den Fasan von allen Seiten anbraten. Dann etwa 60 Minuten lang garen. Nach und nach mit dem heißen Wasser begießen. Während der Bratzeit immer wieder Bratfond über den Fasan geben.
7. Den Fasan aus dem Topf nehmen. Die Fäden entfernen und den Fasan auf eine Servierplatte legen. Warm stellen.
8. Zuerst die Maronen und dann die Äpfel in dem Bratfond erhitzen. Auf der Platte mit dem Fasan anrichten.
9. Nun für die Sauce Calvados und Cider in den Topf gießen und einmal kurz aufkochen lassen. Die Speisestärke mit kaltem Wasser anrühren und damit die Sauce binden. Die Sahne unterrühren. Die Sauce darf nun nicht mehr kochen. Mit Salz und Pfeffer würzen. In eine Sauciere geben und zusammen mit dem Fasan servieren. Als Beilage können Kartoffelkroketten oder -püree gereicht werden.

Rabbit with Fruit

Rabbit with Fruit

Kaninchen mit Früchten

4 Kaninchenkeulen
Mehl zum Bestäuben
75 g Schweineschmalz oder Butter
3 mittelgroße Süßkartoffeln
2 Möhren
2 Zwiebeln
50 g Champignons
300 ml Rotwein
einige Zweige Thymian
2 säuerliche Äpfel
150 g blaue Weintrauben
50 g Rosinen
Saft und Schale von 1 Orange
150 ml Brühe
Salz
frisch gemahlener Pfeffer

1. Die Kaninchenkeulen mit dem Mehl bestäuben. Das Fett in einem Schmortopf erhitzen. Die Keulen hineingeben und von allen Seiten gut anbräunen. Herausnehmen und warm halten.
2. Die Süßkartoffeln und die Möhren schälen und in schmale Scheiben schneiden. Die Zwiebeln schälen und fein hacken. Die Champignons säubern und in Scheiben schneiden. Alles in den Schmortopf geben und einige Minuten dünsten.
3. Den Rotwein hinzugießen und leicht einkochen lassen.
4. Von den Thymianzweigen die Blättchen abzupfen. Die Äpfel schälen, vierteln, das Kerngehäuse entfernen und die Viertel in Scheiben schneiden. Die Weintrauben halbieren und die Kerne entfernen. Thymian, Apfelscheiben und halbierte Weintrauben mit den Rosinen, Orangensaft und -schale, Brühe und den Keulen in den Schmortopf geben. Mit Salz und Pfeffer würzen.
5. In den auf 180 °C vorgeheizten Backofen schieben und etwa 1-1 ½ Stunden schmoren. Nach 1 Stunde prüfen, ob das Fleisch gar ist, da Kaninchen schnell zu trocken werden kann.
6. Als Beilage Kartoffeln oder Weißbrot servieren.

Dessert Cornwall

Cornischer Reispudding (für 6 Personen)

60 g Milchreis
600 ml Milch
½ Vanilleschote
1 Prise Salz
Schale von ½ Zitrone
70 g Zucker
3 Eigelb
Butter für die Förmchen
Puderzucker

1. Den Reis 5 Minuten in kochendem Wasser blanchieren und abgießen.
2. Die Milch mit der aufgeschnittenen Vanilleschote und Salz zum Sieden bringen. Den Reis hinzufügen und 30 Minuten köcheln. Öfter umrühren, damit er nicht anbrennt.
3. Die Vanilleschote entfernen. Die Zitronenschale, den Zucker und die Eigelb hinzufügen und gut verrühren.
4. Die Masse in 6 Puddingförmchen füllen und im Wasserbad erwärmen. Dies geht am besten in der Fettpfanne des Backofens. Danach unter den Grill stellen, bis sich eine goldgelbe Kruste gebildet hat. Vorsicht, dass die Kruste nicht verbrennt.
5. Vor dem Servieren mit Puderzucker bestäuben.

Tipp: Der Pudding erhält eine besondere Konsistenz, wenn man statt Milchreis den für Risotto gebräuchlichen Aborio-Reis verwendet. Nach demselben Rezept kann auch ein Grießpudding zubereitet werden. Dafür den Reis einfach durch Hartweizengrieß ersetzen.

Burnt Cream

Karamelcreme (für 6 bis 8 Personen)

8 Eigelb
90 g Zucker
1 l Sahne
1 EL Vanillearoma

1. In einer großen Schüssel die Eigelb und 30 g Zucker mit dem Mixer 3 bis 4 Minuten schlagen, bis die Masse dick und blassgelb ist.
2. Die Sahne in einer schweren Kasserolle erhitzen, bis sich an der Topfwand Bläschen bilden. Dann die Sahne unter ständigem Rühren in die Eimasse geben. Vanillearoma hinzufügen und die Mischung durch ein feines Sieb in eine mindestens 5 cm tiefe, 15 x 15 cm große Auflaufform gießen.
3. Den Ofen auf 175 °C vorheizen. Die Auflaufform in einen flachen Bräter auf die mittlere Schiene in den Ofen stellen und so viel kochendes Wasser in den Bräter gießen, dass die Auflaufform halb darin steht.
4. Etwa 45 Minuten backen. Zur Probe ein Messer in die Mitte der Creme stechen; wenn nichts haften bleibt, ist sie gar. Die Auflaufform herausnehmen und abkühlen lassen. Dann mindestens 4 Stunden in den Kühlschrank stellen.
5. Nun die übrigen 60 g Zucker auf der Oberfläche der Creme gleichmäßig verteilen. Unter dem Backofengrill oder im sehr heißen Ofen etwa 4–5 Minuten überbacken, bis der Zucker eine Kruste bildet. Die Creme abkühlen lassen und lauwarm oder kalt servieren.

Trifle

Trifle

Pudding aus Kuchen, Himbeeren und Creme

Für die Vanillesauce:
¾ l Milch
4 TL Speisestärke
30 g Zucker
2 Eigelb
1 TL Vanillearoma

1 fertiger Rührkuchen (350 g)
4 EL Himbeermarmelade
125 g blanchierte Mandeln, halbiert
¼ l Sherry, medium dry
¼ Tasse Weinbrand
½ l Sahne
30 g feiner Zucker
1 Paket tiefgekühlte Himbeeren (225 g)

1. Zuerst die Vanillesauce zubereiten. Eine halbe Tasse Milch und die Speisestärke in einen großen Topf geben und so lange rühren, bis sich die Speisestärke aufgelöst hat. Die übrige Milch sowie den Zucker hinzugeben und unter Rühren bei mittlerer Temperatur kochen, bis die Sauce andickt und aufwallt. Die Eigelb in einer kleinen Schüssel verschlagen und 4 Esslöffel der Sauce unterrühren. Dann die Mischung unter die Sauce schlagen. Einmal kurz aufwallen lassen und unter Rühren 1 Minute kochen. Den Topf vom Herd nehmen und das Vanillearoma dazugeben. Abkühlen lassen, bis die Sauce fest ist.
2. Den Rührkuchen in 2 cm dicke Scheiben schneiden. 3 Scheiben mit der Himbeermarmelade bestreichen. Den Boden einer großen Glasschüssel mit den Scheiben, die bestrichene Seite nach oben, auslegen.
3. Die übrigen Kuchenscheiben in 3 cm große Würfel schneiden und auf den bestrichenen Scheiben verteilen. Mit 60 g Mandeln bestreuen. Sherry und Weinbrand darüber gießen. Das Ganze mindestens 30 Minuten bei Zimmertemperatur ziehen lassen.
4. Die Sahne mit dem elektrischen Mixer schlagen, bis sie leicht fest ist. Den Zucker hinzugeben und steif schlagen.
5. Zehn schöne Himbeeren beiseite stellen. Die übrigen auf dem Kuchen verteilen. Die Vanillesauce mit Hilfe eines Spachtels darauf verstreichen. Nun die Hälfte der Sahne darüber geben. Die übrige Sahne in einen Spritzbeutel füllen und damit die Oberfläche verzieren. Mit den restlichen Himbeeren und Mandeln garnieren. Am besten sofort servieren. Andernfalls 1 bis 2 Stunden in den Kühlschrank stellen.

Register

Rezepte – deutsch

Register
Rezepte – englisch

Danksagung

Die Redaktion und die Fotografen danken all jenen herzlich, die zur Entstehung dieses Buches beigetragen haben. Besonderer Dank gilt: Petra Flocke, Irene Schlupp/Köln, Familie van Rossum/Köln.

Bildnachweis

Seite 14 u. 15 oben: National Trust Photographic Library/Andreas von Einsiedel
Seite 15 unten: National Trust Photographic Library/Rob Matheson
Seite 19 u. 21: © Laura Ashley Limitied
Alle übrigen Fotos: Cornelis Gollhardt/Köln; Stephan Wieland/Düsseldorf